Maurício Solfa

Felicidade não se acha, conquista-se

Maurício Solfa

Felicidade não se acha, conquista-se

Aqui apresento um caminho construído com muitas dificuldades, mas, também com muito desejo de mudanças

CREDO EDICIONES

Imprint
Any brand names and product names mentioned in this book are subject to trademark, brand or patent protection and are trademarks or registered trademarks of their respective holders. The use of brand names, product names, common names, trade names, product descriptions etc. even without a particular marking in this work is in no way to be construed to mean that such names may be regarded as unrestricted in respect of trademark and brand protection legislation and could thus be used by anyone.

Cover image: Disponibilizado pelo autor

Publisher:
CREDO EDICIONES
ist ein Imprint der / is a trademark of
International Book Market Service Ltd., member of OmniScriptum Publishing Group
17 Meldrum Street, Beau Bassin 71504, Mauritius

Printed at: see last page
ISBN: 978-620-2-47897-7

Conteúdo

Agradecimentos ... 3
Apresentação ... 4
Introdução ... 5
A Solidão ... 10
A falta de amigos faz com que o mundo pareça um deserto. - Francis Bacon ... 10
Sensibilidade para com os pobre ... 12
Contemplação do sol ... 14
Relatório do estágio no lar Tarumã, de Curitiba ... 16
Consciência e missão pública ... 18
Estágio no Morro do Quilombo ... 19
Aula de Supervisão Pastoral ... 21
Minhas Esperanças para a Igreja ... 24
Movimentos sociais ... 26
Um novo mundo é necessário ... 28
O Medo e o Desejo ... 29
Deus é cego? ... 30
Deus é esquecido? ... 32
O lixo ... 34
Buscando Identidade ... 36
Meu coração sangrou ... 38
Da Dor nasce o Amor ... 40
Pessoas são obras de arte de Deus ... 43
Encontrar-se, é comprometer-se ... 44
Apropriação ... 46
Confiança ... 48
Pastoral Social ... 49
A tensão entre o ideal e o real ... 51
Perder as seguranças ... 53
Amamos o que conhecemos ... 54
Ser Feliz ... 55
Servir a Deus ... 56
Espiritualidade desencarnada ou espiritualismo como fuga da dor interior e exterior ... 58
Natal ... 60
Vida ... 62
Antes e Depois ... 63
Nossa vida é um estágio ... 65
Pessoas que amam o que fazem ... 67
Feliz de quem tem uma profissão que coincide com sua vocação. - George Bernard Shaw ... 67
Deixar Deus nos amar ... 69
Viver o presente ... 71
Lembre-se que a vida não é o passado e nem o futuro. A vida é hoje. - ... 71
Lauro Trevisan ... 71

A teia das relações....73
Descer para subir....74
Metáfora da águia....75
Argila, Artista e Pessoa....77
Somos proibidos de amar o diferente?....79
O Jardim....81
O Reino de Deus....82
Opção....83
Viver é Nascer....84
Abrir-se para o Amor....85
Conclusão....87
Oração....88

Agradecimentos

Agradeço a Deus pelo dom da vida, pela família maravilhosa que tenho. Agradeço de forma especial aos freis da Equipe Missionária da Província São Lourenço de Brindes, com os quais vivi belas experiências, e os freis das Mercês que me incentivaram e também aos demais irmãos.

Um agradecimento carinhoso a todas as pessoas que leram meus textos e incentivaram sua publicação. De forma especial ao Padre Vilson Groh e a Darcy Camargo que me ajudou na revisão.

Enfim, muito obrigado a todos os amigos e amigas que incentivaram e apoiaram a realização deste trabalho.

Apresentação

Conheci Maurício num momento rico em sua vida, onde buscava respostas. Juntos, através do vínculo que foi se formando com base numa genuína amizade, pudemos ver surgir o escritor que estava por se revelar.

Através do que me dizia e daquilo que não dizia, percebi possibilidades, potências que esperavam ter vida própria.

Sua história de vida gestou a sua arte e dela tem se utilizado para dar continuidade a esta história que hoje segue outros caminhos.

Sempre me impressionou seu espírito aberto, sua sede de sentido, sua dignidade e ousadia apesar de seu jeito discreto, quase tímido.

Um dia pensei: "Será um sacerdote especial, irá além..."

Maurício abriu seu coração, se libertou das correntes, ampliando sua tenda, superando os limites dos enquadramentos que sufocam a expressão da afetividade e criatividade.

Ainda tão novo nos dá de presente seu primeiro livro. Esperamos outros...

Ver na realidade aquilo que um dia percebemos como uma possibilidade, me fez acreditar mais ainda que construímos a vida que temos.

Podemos ser o que queremos e podemos fazer o que quisermos. Basta deixar-nos transformar.....

Maria Elizabeth Americano Valente

Psicóloga/Escritora

Introdução

Estes textos retratam meu processo formativo e o início de apostolado. Penso que posso apresentá-los em alguns eixos temáticos, como: contato com a realidade, estudo e espiritualidade. Nos artigos que serão apresentados percebem-se, interligados, estes três pontos.

Os artigos começaram a ser escritos desde o meu aspirantado, 2000, até 2008, quando concluí o curso de Teologia. Observo que houve um crescimento na capacidade de reflexão e observação da realidade.

Inicio apresentando os relatórios de alguns estágios em hospital, asilo e comunidades de periferias. Estes contatos com a realidade me ajudaram a desenvolver a sensibilidade e a capacidade de observação.

Foi num momento de crise e de saída da crise que escrevi grande parte dos textos. Escrever foi uma ferramenta fundamental para dialogar comigo mesmo, compreender-me, e buscar saída para as minhas dificuldades e fragilidades.

Aqui apresento um caminho construído com muitas dificuldades, mas, também com muito desejo de mudanças. Esse desejo foi o que me deu energia para construí-lo. Fundamental para ter empreendido tal batalha foi ter encontrado ajuda de freis formadores, da família, amigos e psicólogas competentes.

Vários textos são frutos das descobertas feitas a partir da dor e, principalmente, da superação da mesma, que foi a conquista da felicidade e realização pessoal, que continuam a serem construídas.

A primeira edição foi publicada em 2006, quando morava em Umuarama. Para esta edição alguns textos foram modificados, em parte, e outros foram acrescentados.

Relatório de estágio pastoral realizado no Hospital "Santa Cruz", de Umuarama

O homem torna-se grande, exatamente na medida em que trabalha pelo bem dos seus semelhantes. - Mahatama Gandhi

Estágio realizado durante o aspirantado, no ano 2000, com pacientes internos de um hospital psiquiátrico.

Para atingirmos nosso objetivo, realizamos, antes de mais nada, uma preparação espiritual, que nos motivou a um silêncio interior e, assim, acolher a realidade com que iríamos nos deparar e conviver. Fizemos um retiro e meditamos sobre um texto bíblico a respeito do juízo final.

A princípio, estava preocupado com a realidade do hospital e, também, com minha reação. Preferi não criar nenhuma expectativa, mas esperar o início do estágio e poder interpretar a situação, principalmente, das pessoas que ali se encontravam.

Recebemos instruções de como nos comportar diante dos pacientes, sobre os métodos e os temas a serem abordados (lazer, oração, conversas pessoais) e o tempo permitido.

No primeiro contato que mantive com o hospital, minha reação foi de tristeza ao ver a situação tão deprimente a que o ser humano pode chegar. Pensei: o que posso fazer para ajudar essas pessoas a se sentirem motivadas para a vida? Percebi que se sentiam valorizados com minha presença.

Após alguns dias, observei a vontade de mudança nos pacientes alcoólatras e o preço que pagavam: a dor do arrependimento pela falta de atenção as suas famílias e a saudade que sentiam do seu convívio.

Estava convencido de que necessitavam de muita atenção. Procurei tratá-los com carinho, ensinando-lhes a importância de partilhar suas vidas, suas dificuldades e suas conquistas. Ouvi muitas histórias de vidas sofridas, pessoas solitárias e carentes.

Muitos estavam ali em busca de melhora. Isso era um incentivo para que eu procurasse fazer o melhor, ajudando-os a crescer. Alguns não encaravam com seriedade o tratamento a que se submetiam.

Atingimos o ponto forte do estágio com as Celebrações Eucarísticas, com a participação dos pacientes e funcionários.

Diante das conversas com os pacientes, sinto que o ser humano não é apenas um animal racional, é sentimento e espírito. Talvez não possa dizer que este estágio transformou minha pessoa, porém, despertou em mim o desejo de ser mais humano. Isto é uma grande conquista para mim.

Relato De Minha Experiência De Estágio Pastoral, Confrontando-a Com a Vivência e o Contexto Histórico De São Francisco.

O encontro com Cristo no pobre constitui uma autêntica experiência espiritual. – G. Gutiérrez

Escrevi esse texto em 2001, quando fazia o postulantado, em Curitiba, mais propriamente em Almirante Tamandaré. Relato uma experiência de estágio pastoral na comunidade Nossa Senhora da Luz, bairro CIC de Curitiba, o qual consistia basicamente em visitar famílias, conhecê-las, conversar um pouco e abençoar as casas. Minha capacidade de observação e reflexão eram superficiais. Uma visão bastante ingênua e poética. Não fiz mais do que relatar os acontecimentos.

A princípio, quando cheguei à Vila Verde e visitei as primeiras famílias, percebi a presença do Reino de Deus naquele bairro. Ali, as pessoas se conhecem, se ajudam, são amigas, não correm tanto quando caminham pelas ruas. A grande quantidade de crianças demonstra vida, fertilidade.

Tudo bem diferente do que se vê nos grandes centros, como o de Curitiba.

Aos poucos, fui percebendo o sofrimento por que passam as pessoas, muitas são vítimas do sistema político e econômico, principalmente as que moravam no interior, tinham suas raízes e foram obrigadas a emigrar para a cidade, devido às necessidades financeiras. Na cidade não conseguem se realizar, ser felizes e frutificar, pois suas raízes foram sacrificadas pelo sistema.

Vemos famílias totalmente desunidas, casais sem diálogo, que não buscam a Deus, infidelidades matrimoniais, ausência de sentido para a vida e de motivação para mudanças. Pessoas com o espírito adormecido. Não desejam nada, não sonham e, por isso, não lutam. Refugiam-se nas drogas, no álcool e no sexo.

Encontramos, também, pessoas que cultivam a espiritualidade de forma profunda, mostrando-se felizes, interiormente, sem euforia, com serenidade, paz e esperança, mesmo diante das dificuldades, problemas e sofrimentos. Sensibilizam-se com o sofrimento do outro.

Deduzimos que estas pessoas que estão comprometidas consigo mesmas, com os outros e com o mundo, indicam em seu interior a presença de Deus. As demais apresentavam um vazio imenso, aridez, carência de vida, angústia, são simplesmente incompletas. Precisam encontrar-se com Deus em seu interior. Acredito que fizessem a experiência do amor de Deus, de que Ele as ama, encontrariam forças para lutar pela vida e descobrir sua auto-estima, pois era isso o que São Francisco fazia.

Em relação à imensidade de Igrejas Pentecostais, acredito que haja uma inquietação nas pessoas. Falta algo em suas vidas: o cultivo da espiritualidade. Aonde vão, nem sempre recebem orientações corretas e sadias. São cada vez mais, alienadas e escravizadas.

No ambiente de São Francisco estavam presentes a injustiça social e os movimentos evangélicos, que representavam um questionamento à Igreja que necessitava de reforma e de mudanças radicais.

Diante disso, a nossa atitude franciscana consiste, em primeiro lugar, que vivamos nosso batismo com radicalidade, cultivando, com intensidade, nossa vida de oração, para que Deus possa ocupar o centro de nossas vidas, e possamos ter atitudes de humildade e de simplicidade. Só assim, as pessoas nos ouvirão. E, agindo como São Francisco, devemos mostrar, com exemplos, que Deus é amor. É uma forma de nos comprometermos.

A Solidão

A falta de amigos faz com que o mundo pareça um deserto. - Francis Bacon

Retrato aqui minha solidão. Solidão que me fez sofrer. Fase de buscas, inquietações, angústias, descoberta do próprio eu. Escrevi este texto num momento em que me sentia muito só. Hoje eu digo: o problema não é estar só, mas estar entre uma multidão e sentir-se só. É o inferno. É o que sentia. Só mais tarde descobri que a saída da solidão é a relação, o amor.

Somos um ser único e insubstituível, somos sós, não existe um outro eu, apenas um. Existe o outro, porém, por mais que eu me relacione com ele, estou sempre só, pois ele, não deixa de ser ele, e eu, não deixo de ser eu. Ficamos num vazio, perdidos, desprotegidos. Somos quase um nada, somos apenas um. Como preencher este vazio de nossa solidão?

Para mim, apenas sentindo-me próximo de Deus. Sentindo que Deus me ama e cuida de mim. Quando me distancio dele por causa das incertezas, das desconfianças, da falta de fé, me desligo de sua presença, é como se ele não existisse. Fico na solidão. Mas, através do silêncio, reflito sobre isso e percebo que, durante este tempo, Ele me segurava pela mão. Eu não tinha consciência, outras coisas me desviavam o pensamento, por isso não o percebia.

Somente quem já se sentiu amado por Deus, perto de Deus, em suas mãos, sentindo seu amor, seu carinho, é que tem consciência de pecado, de estar longe, afastado e desligado. Então, sente necessidade de reconciliação, de retomar a relação com Deus. A relação que temos, de criar com Deus, é de pessoa para pessoa, o que nos realiza, mas não mata a sede para sempre.

Através dos irmãos, vamos encontrando Deus, sentindo o amor dos pais, a atração pelo outro, a intimidade da amizade. Mas, isso não nos realiza, queremos mais, chegar a Deus. Mesmo assim, não nos satisfazemos plenamente: queremos sempre mais, até a morte.

Não há maior alegria do que estar junto de Deus, porque nos sentimos amados, valorizados e motivados a viver sem medo de tropeçar, pois ele nos segura e, se cairmos, nos levanta.

A alegria ainda é maior quando o homem se afasta de Deus e o reencontra. Deus nos atrai quando o experimentamos uma vez. Quem o experimenta uma vez, dificilmente ficará longe Dele por muito tempo, pois a vida ficará vazia. Não há nada que ocupe o lugar de Deus. Tudo o que for colocado em seu lugar não terá significado e não preencherá o vazio deixado.

Sensibilidade para com os pobre

Quando praticamos o bem deixamos um rastro de eternidade atrás de nós. -

Maxwell Maltz

Escrevi este texto durante o período de noviciado. No momento em que o escrevi, estava despertando em mim o desejo de trabalhar com os pobres, ou era um momento em que fazia uma opção vocacional mais radical. Sentia que algo me dificultava fazer tal opção. Não tinha estrutura, maturidade, para dar o passo. Um frei ao ler este título me disse o seguinte: "a sensibilidade para com Deus passa pela sensibilidade para com os pobres".

Desde criança, gostava de silêncio. Às vezes, ficava trabalhando na roça, o dia todo, sozinho. Pensava bastante, rezava algumas ave-marias. Gostava de andar a cavalo e olhar o mundo, o infinito, o horizonte, as plantas, a natureza. Sempre descia para o extremo do sítio, onde havia um rio. Como gostava de ficar olhando o rio, às vezes não me continha e entrava na água.

Também gostava de andar de bicicleta; sempre ia a uma fazenda onde se plantava cana-de-açúcar, perto do sítio do meu pai, onde morávamos. Era um lugar bonito, alto, estradas longas, onde eu podia me aventurar com minha bicicleta. Exercitava-me bastante, depois ia ao local mais alto da fazenda, de onde se tinha uma ampla visão do horizonte; via a imensidão do mundo. Dava-me um sentimento de pequenez que me levava a pensar em Deus.

Dava-me uma desilusão olhar para a fazenda e ver tantas terras nas mãos apenas de uma pessoa. Uma pessoa mesmo possuindo tudo isso pode se realizar? Eu mesmo respondia com toda a certeza: ela pode se realizar desde que plante, cultive, partilhe estes bens com outras pessoas necessitados. Que os bens materiais que possui não sejam o objetivo único de sua vida. Com certeza deve existir algo mais profundo para realizar o ser humano. Eu me lembrava das pessoas pobres e ficava indignado. Dava-me tristeza saber que naquele momento havia tantas pessoas passando fome e, ali ao meu redor, tanta possibilidade de produzir alimentos para muita gente, ou, então, lugar para tanta gente morar e viver feliz, em contato com a terra, com a natureza. Voltava para casa com sentimentos de angústia e tristeza.

Lembro-me ainda que, quando pequeno, numa viagem, passávamos por um local de pobreza; assaltava-me um sentimento de compaixão, algo mexia comigo, parecia que aquilo me atraía, me incomodava, me inquietava.

Uma outra vez, eu e meu pai fomos vender melancias em uma vila de Rondon, chamada “Campo”. Antigamente, esta vila teria sido um campo de aviação. Esta vila, segundo algumas pessoas, era mal vista; diziam que os seus habitantes eram acomodados. Pois é, eu e meu pai fomos até lá vender melancias. Chegamos à uma casa bem simples onde uma mulher muito triste veio nos atender. Estava com o rosto desolado, um semblante nada animador, sem esperanças, sem fé, sem perspectiva de vida. Aquilo me comoveu. Meu pai generosamente deu algumas melancias para ela e seus filhos. Eu fiquei muito contente com a atitude do meu pai.

Sempre foi assim, quando eu passava por um local desses, meu estado emocional mudava e ainda muda, parece que é algo que, desde sempre, esteve dentro de mim e que ainda não veio à superfície, mas acredito que um dia virá, talvez não logo. Vamos aguardar, vai chegar o momento, como chegou o momento de ingressar na Ordem Franciscana Capuchinha. Estou começando a me imaginar em meio aos pobres e, como o que se imagina acontece, isso tende a acontecer.

Contemplação do sol

A natureza é uma obra de arte que a mão de Deus pintou para todos nós. - Voltaire

Este texto, eu escrevi em julho de 2002, numa segunda feira, no noviciado, em Joinville. Era uma tarde, o sol descia, brilhava, deixava a tarde dourada e invadia meu quarto. De manhã, tinha chovido. À tarde, as nuvens deram lugar ao sol, que apareceu todo exuberante e exibido. Era uma tarde suave e apaixonante. Nele relato uma experiência de contemplação do irmão sol.

Estava lendo o livro do Frei Ovídio Zanini "Experiência de Deus e Higiene Mental", em que ele procura trabalhar a oração, através da criação. Estava um pouco inquieto, era uma quarta-feira, dia de meu descanso. Por isso, tinha a tarde livre.

Fui dar uma volta de bicicleta, eram os primeiros meses de noviciado. Quando retornei, peguei o livro e li uma frase que dizia: há quanto tempo você não contempla o pôr do sol? Pensei: meu Deus, nem sei a que horas o sol se põe! Então, tomei um banho, e fui contemplar o sol. Estava belo, robusto, magnífico. Comecei a olhá-lo e uma enorme alegria invadiu meu ser. Com uma cor avermelhada, seus raios chegavam até mim. Parecia o amor de Deus me alcançando, me amando, me acolhendo e dizendo: Maurício, eu te amo! Naquele momento, muitas lembranças positivas vieram ao meu consciente.

Na infância, tive muitas experiências bonitas com o sol. Quando eu e meus irmãos íamos à escola, pela manhã (morávamos no sítio), por causa do orvalho, meu pai, nos levava: eu, minha irmã e meu irmão, de carroça, até o ponto onde pegávamos o ônibus. Passávamos por uma pequena mata e, aí, dávamos de cara com o sol que estava acabando de "nascer". Ele saía por entre as nuvens, por trás das árvores. Ia iluminando o dia. Era muito bonito. O milagre da vida, da criação. Eu não me cansava de olhar e ficava admirado.

Outras vezes, quando estávamos de férias do colégio e trabalhávamos na colheita de algodão, saíamos de casa pela manhã, com bastante orvalho, friozinho, até um pouco escuro. Subíamos um morro, pouco elevado, e dávamos de cara com ele, que vinha nos saudar com um "bom dia". Neste trecho, até chegarmos à roça, não tirava os olhos dele, ficava encantado e muito feliz.

Ele é que determinava o momento para pararmos com os trabalhos. Por isso, ficávamos de olho nele. Quando estava quase se pondo, parávamos de trabalhar. Neste momento, batia a saudade, o cansaço, mas também a gratidão e a alegria por termos trabalhado e feito tantas coisas em mais um dia.

Éramos pessoas simples e felizes; nos divertíamos, também, no trabalho. Todas estas lembranças vieram ao meu consciente, naquela tarde.

Relatório do estágio no lar Tarumã, de Curitiba

Quem não sabe escutar, não sabe falar. - Heráclito

Este texto também foi escrito durante o noviciado em Joinvile, 2002. Há alguns anos os noviços capuchinhos da Província do Paraná, Santa Catarina e Paraguai, fazem esta experiência. Este relatório foi pedido pelo mestre de noviços. Foi um estágio muito motivador.

Chegando ao Asilo, senti vontade de, rapidamente, me inserir naquela realidade, lançar-me, ir ao encontro, doar-me, abrir meu coração para aquela experiência, deixar tudo falar e ouvir. Isto foi o que mais fiz: ouvir. Ouvi muitas coisas bonitas, maravilhosas, histórias de vida, sínteses de vidas, experiências, convicções.

Como disse, queria lançar-me às experiências e acredito que consegui. Fui ao encontro das pessoas, valorizei-as, dando sentido a cada palavra que diziam, a cada gesto que faziam. Logo, fui sentindo um amor tão grande pelas pessoas e me contagiando com muita alegria, que, naquele momento não tinha noção de onde vinha. No início, nem pensei no motivo daquela alegria. Após alguns dias, tomei consciência: o tratamento dócil dos funcionários para com os idosos, a simplicidade de algumas funcionárias, e ainda a história sofrida de uma funcionária, que demonstrava muita paz e alegria, não guardava mágoas, embora tivesse passado por sofrimentos, os quais superara. Os idosos se ajudavam e, mesmo vivendo numa rotina, em que parece que tudo é repetição, a cada amanhecer, diziam um "bom dia" diferente, renovador, cheio de vida, de entusiasmo. Isso e mais algumas coisas que escaparam à minha percepção, me contagiaram de alegria. Senti-me inserido.

Mas ainda me sentia um pouco individualista. Deixei por um tempo o grupo para viver minha experiência.

No início do quarto dia, ajudando na fisioterapia, novamente ouvindo, apenas dando espaço para o outro falar, ouvindo não apenas as palavras, mas a interioridade das pessoas, conheci Shirley, uma fisioterapeuta que cuidava dos idosos com muito carinho, com muito amor. Dizia ela: "Um dia, com meu esposo, visitando um lar que acolhia crianças menores abandonadas, sensibilizei-me com a situação. Era uma estrutura que não oferecia as mínimas condições para o crescimento, para que as crianças viessem a ser pessoas amadurecidas e saudáveis." Ela sugeriu a seu esposo Fernando: "Que tal criarmos uma fundação para acolher crianças abandonadas?"

Assim, a fundação foi criada, acolhendo mais de dez crianças, inicialmente; as crianças de dois a seis anos, ficariam nesta casa até quando precisar, recebendo toda formação que os filhos do casal também recebem, ou até mais.

Isso me fez entrar em contato com meu egoísmo, com minha indiferença e comodismo. Comecei a sentir uma outra realidade: a do sofrimento, da dor e do abandono. Pessoas frustradas. Comecei a me questionar: como poderia existir tanta alegria num lugar onde vivem pessoas com tantos problemas, com motivos para tanta tristeza e revolta?

Voltei do estágio com uma inquietação: preciso me desacomodar. Diante de tudo isso tenho bem presente o ponto principal do carisma capuchinho: a vida fraterna; a felicidade que não é ausência de dor, sofrimento e tristeza, mas perpassa por ela. Tudo isso depende de mim. Tive esta convicção. Eu é que faço a escolha: vou amar ou não vou amar; vou perdoar ou não; vou renunciar ou não; vou além de meus sofrimentos ou vou ficar preso a eles.

Muitas coisas, talvez nem todas aqui descritas, me revelaram um Deus vivo, que se faz pequeno, misericordioso, presente. Minha maior inquietação é que consigo ver que posso imitá-lo. Depende de mim. Deus me dá todas as condições, só preciso querer.

Consciência e missão pública

O estímulo de um bom professor pode dar uma virada na vida de um aluno. - H. J. Browr Jr

Escrevi este texto no início dos estudos de Teologia, em 2003, período em que comecei a colocar os pés no chão da realidade. O que me estimulou a tomar tal atitude foram as aulas com o Padre Vilson Groh e seu testemunho de vida. Foi um período de muitas crises, mas também de muito crescimento. Período em que comecei a fazer uma observação mais crítica e reflexiva, em relação ao externo e também à minha interioridade.

Partindo da pergunta: o que a realidade muda em mim? Digo que, num primeiro momento, me confronta e me faz ver como estou acomodado e conformado com a situação de exclusão e miséria.

Percebo que vive-se de maneira bastante intensa, uma religião de bem estar, onde o que importa é sentir-se bem. Não se quer enxergar a dor no mundo. Falta compaixão, sentir com o outro a sua dor.

Acredito que, somente o contato com os menos favorecidos, me abrirá os olhos para enxergar como estou compactuando e alimentando a continuidade do processo de permanência dos excluídos.

A presença junto àqueles que mais precisam me sensibiliza e me humaniza. Desperta-me o sentimento de que todas as pessoas devem ser amadas, mas algumas pessoas e algumas realidades necessitam de uma maior atenção.

É preciso colocar em prática a evangelização a partir dos empobrecidos. Percebo como me traio no discurso e nos atos. Deve ser uma conversão constante, uma opção que precisa ser renovada e vivenciada todos os dias.

Este processo de mudança de mentalidade é que me leva a me importar com o outro. Aqui entra o trabalho de minha consciência, do resgate de minhas raízes. Resgatar quem sou para estar seguro de mim e ir ao encontro do outro, sentindo-o no seu contexto. Conhecer as raízes do outro. E, na sua história, buscar elementos evangélicos que superem as diferenças. A partir desses elementos, unir forças, para juntos criarmos uma nova humanidade, novas pessoas.

Estágio no Morro do Quilombo

Saber ver é sentir o que se olha. - H. Pereira da Silva

Aqui, a experiência começa a se intensificar. Meu pensamento começa a ser mais ligado ao social. Começo a fazer a passagem de uma mística puramente intimista e existencialista, para uma mística transformadora.

Relato aqui uma experiência de estágio pastoral. Morei na comunidade juntamente com frei Sérgio, durante quinze dias. Foi uma experiência de intensa convivência, importantíssima para minha formação. Morro do Quilombo fica no Itacorubi, bairro de Florianópolis.

Pelo fato de estarmos no início dos estudos de Teologia, o registro apresenta poucos elementos teológicos. A reflexão é mais sócio-econômica e política.

Foi uma experiência vivenciada com maior profundidade, comparada com os estágios realizados em Curitiba, na Vila Nossa Senhora da Luz, durante o postulantado. Nos estágios, realizados em Curitiba, eu e os outros estudantes ficávamos o dia todo visitando casas, almoçávamos e jantávamos com as famílias. Foi uma experiência boa, mas cansativa. Terminamos os quinze dias, exaustos, e, parece-me que não ficou muita coisa nem para nós, nem para a comunidade. Na verdade, as etapas de formação são diferentes, não é bom fazer comparações.

Mas volto a falar sobre o estágio em Florianópolis e ressalto a presença do frei Sérgio. Este último estágio não ficou na superficialidade. Não estávamos na comunidade apenas para fazer visitas. Tínhamos tempo pessoal para a oração, leitura, silêncio, reflexão e meditação. Tempo para ruminar o que observávamos. E, além de tudo, tínhamos que cuidar da casa, preparar as refeições, lavar roupas. A experiência de convivência foi bastante intensa. Uma oportunidade para aprendermos a dar espaço para o outro.

Confrontamo-nos com outro mundo, pois as pessoas que residiam naquele ambiente, viviam de um jeito totalmente diferente. Deparamo-nos, também, com uma cultura de pobreza, não apenas com a ausência de bens materiais.

Aprofundamos a relação com algumas famílias, criamos um vínculo de amizade e de confiança com elas. A partir dessas famílias, iniciamos a formação de uma comunidade.

Sentimos que a comunidade se preocupava com os adolescentes que estavam adentrando ao mundo das drogas.

Percebemos que não dava para impor nosso ritmo de vida à realidade deles. Era preciso construir algo a partir daquela realidade. Por isso, tivemos esta postura de desapego, de começar algo a partir deles, da convivência com eles e, para isso, é que estávamos lá: para conviver. E foi o que fizemos.

A partir disso, o objetivo é fazer o processo juntos, pois eles tem muita experiência de vida, em cima da qual devemos trabalhar.

Um dos aspectos importantes é a relação afetiva. Percebemos que no mundo, nos grandes centros, valoriza-se o consumidor e não a pessoa. Basta fazer a experiência de visitar um grande mercado, ou uma grande loja.

No meio popular vimos que as pessoas se relacionavam mais. Num mercado, onde fizemos uma pequena compra, o vendedor, que também era o dono do estabelecimento, comunicou-se muito conosco, tratou-nos como pessoas, interessou-se por nossa vida.

Observamos, também, que as pessoas que ali vivem são aquelas que constroem o centro (os homens, funcionários da construção civil), e conservam o centro (as mulheres diaristas), mas não tem uma vida digna. Constroem grandes casas, cuidam de grandes e belas mansões, mas não possuem casas para morar. Por outro lado, encontramos pessoas de valor, que não entram na onda do consumismo, da vida fácil, do prazer desmedido.

Foi uma experiência em que trabalhamos a reflexão. Tínhamos alguns materiais da CPT (Comissão Pastoral da Terra) e sobre história do Brasil. Fazíamos o confronto das teorias com nossa prática. Isso foi uma ferramenta interessante.

Aula de Supervisão Pastoral

Falar dos problemas ambientais do Terceiro Mundo e ignorar a pobreza é pregar no vazio. - Gro Harlem

Este é um relatório de uma belíssima aula de Supervisão Pastoral ministrada pelo Padre Vilson Groh. Relato a aula e desenvolvo uma pequena reflexão. À medida que me envolvo com a realidade, vou escapando da solidão e vou me confrontando comigo mesmo.

No dia vinte e sete de agosto de 2003, estivemos, eu e outros estudantes, na comunidade Monte Serrat, onde trabalhamos alguns aspectos de Supervisão Pastoral. As aulas aconteceram na comunidade com o objetivo de confrontar a pastoral e a teologia com a realidade ali existente, no sentido de não transformar o curso de teologia em apenas um curso intelectual. Conhecer por conhecer e não se envolver numa prática transformadora, não integrar fé e vida, teologia e vida, é uma contradição com a mensagem de Jesus.

Primeiramente, através da fala do Pe. Vilson, fomos informados sobre os movimentos sociais existentes no local, também os projetos sociais de periferia e a caminhada eclesial da comunidade.

Segundo Pe. Vilson, o morro sempre viveu a experiência de mutirão. Desde o início de seus trabalhos no morro, as experiências de mutirões estavam presentes. Realizaram mutirão para construir casas, fazer melhoria nas ruas, Igreja, etc.

Desde o início, foi dado muito valor à organização eclesial. Sempre evangelizando a partir da cultura e respeitando-a.

As atenções nunca foram enfocadas apenas sobre o morro, mas, sim, em conexão com a cidade, procurando fazer redes de parcerias, que hoje são visualizadas em alguns projetos em andamento, como o projeto pré-vestibular.

O Monte Serrat sempre foi palco de lutas nas questões do poder público.

Depois, aconteceu a fala de Babyton, que relatou sua ação frente ao projeto que buscava trabalho para os jovens.

Após a parte teórica sobre a história das lutas sociais e religiosas da comunidade, fomos conhecê-la. Caminhamos por alguns becos. Desta caminhada, destaquei a reação de apreensão e susto de alguém ao ver um grande grupo de pessoas no bairro que, para mim, revelava o estado de vigilância dessa população, frente à violência.

Depois da caminhada, conversamos um pouco sobre nossos estágios. Ficou proposto o registro de um relatório reflexivo, para produzirmos, a partir do contato com a realidade.

Como reflexão desta primeira aula, penso que o contato com o menos favorecido e com a periferia é, antes de tudo, indispensável para quem quer seguir Cristo. O contato com esta realidade sempre nos leva a um apaixonamento pelo projeto de construção do Reino. Dá consistência para a vocação, força e motivação para buscarmos uma vivência que transforme a realidade. Como diz o autor de um livro sobre franciscanismo: "A primeira atitude para entender Francisco é revoltar-se com a realidade que nega as condições de dignidade ao ser humano". No convívio com os pobres, descobrimos a simplicidade da vida, aprendemos a confiar na providência, a suportar a dor e a viver com o mínimo necessário. Isso em nível pessoal.

Em nível de prática pastoral, ajuda-nos a conhecer e entender a realidade para agirmos sobre ela e construir um sistema justo, onde todos tenham condições. Abre-nos os olhos para percebermos que algo está errado, que a sociedade vista, a partir de um olhar interiorizado, em aspectos gerais, não se apresenta como uma sociedade cristã.

Como me relaciono com a cidade, com a realidade que me cerca: estudo, oração, convivência, pastoral? O que isso tudo provoca em mim? O que mudou em mim desde que cheguei a Florianópolis?

Primeiramente, a partir de uma nova visão, ou de uma visão mais aprofundada de se viver a fé cristã, digo que é preciso integrar as coisas, ou seja, criar um elo com todas as experiências realizadas, para que uma possa contribuir com a outra, e não uma estar contra a outra onde, por exemplo, o estudo seja um empecilho para a oração, ou a pastoral atrapalhe o estudo.

Cada atividade deve estar a serviço de um único objetivo. Todas nos levam à vivência da fé, ao crescimento e à maturidade. As atividades precisam estar integradas. O estudo deve contribuir para que rezemos em maior profundidade. Da mesma forma, a pastoral deve nos ajudar a ter uma espiritualidade encarnada e também deve motivar-nos a estudar. É preciso, também, rezar com a realidade. Concluindo, na oração devem estar presentes: o estudo, a pastoral e a convivência fraterna. Na pastoral devem estar presentes o estudo, a oração e a convivência fraterna, porque não somente eu estou na pastoral, mas a fraternidade capuchinha. No estudo, também, devem estar presentes: o espírito de oração, contemplação e as observações pastorais. Na minha convivência fraterna, também, todas estas realidades se farão presentes.

Esta minha nova forma de pensar já foi fruto deste ano de Teologia e de vivência em Florianópolis; outra mudança foi na própria maneira de fazer teologia. Como fazer teologia e por que fazer teologia? Apenas por conhecimento, como um gnóstico, ou para a vida?

Como a realidade me questiona e como me relaciono com ela, digo que sinto necessidade de ficar atento, devido à tendência que o ser humano tem de se acomodar, se instalar.

A formação, durante um determinado período, deu maior atenção à fé, ao aspecto espiritual; tudo se resolvia com orações. Depois, veio o período da razão, reprimiam-se os sentimentos e formavam-se bons intelectuais. Hoje, procura-se realizar uma formação integrada, considerando o ser humano como um todo, espiritual, racional, afetivo e físico. Trabalha-se integrando estas realidades numa interdependência, onde uma influencia a outra. Não são realidades soltas. Primeira exigência da formação: a integração e o autoconhecimento.

Em seguida, vem a integração com a realidade, onde o vocacionado está inserido. Esta tanto pode ajudar como atrapalhar, depende do relacionamento que se tem com ela. É preciso ter espírito crítico.

O contato com o pobre ajuda o vocacionado a entender a simplicidade da vida, a confiar na providência de Deus; também leva-o a enxergar o mundo do consumismo, do prazer e do individualismo. Se não se estiver atento a estas características do mundo moderno, elas podem interferir de maneira negativa na forma de pensar e de agir do vocacionado.

Minhas Esperanças para a Igreja

> Toda renovação da Igreja consiste essencialmente numa fidelidade maior à sua própria vocação. – Decreto Unitatis Redintegratio - 6

Apresento aqui uma síntese do Livro "Minhas Esperanças para a Igreja" de Bernard Haring. Fui motivado a escrever este texto por meu amigo Antônio Carlos Borges, seminarista da diocese da Barra. O livro "Minhas Esperanças para a Igreja" foi o texto base para a prova final da disciplina de Moral da Religião.

O mundo precisa de cristãos autênticos, adultos e responsáveis. A Igreja clama por cristãos obedientes, inseguros e sem opinião própria, para manter o centralismo, a dominação e o triunfalismo.

Bernard Haring, no seu livro "Minhas Esperanças para a Igreja", apresenta isso de maneira clara e objetiva, com humildade evangélica e esperança.

Começa seu livro falando sobre as leis, que estas não ajudam o ser humano a fazer o bem, mas lhe tira as energias que poderiam ser usadas para fazê-lo. Gastando-as para cumprir normas, evitar o mal, manter preceitos, não o ajuda a ser responsável e livre, principalmente das próprias leis, não no sentido de se fazer o que pensa ou o que quer, mas ter discernimento e responsabilidade, características próprias de um cristão adulto.

A Igreja deveria ser uma escola de diálogo; algo difícil de acontecer entre chefes e súditos, chefes e chefes. Há um bom diálogo entre teólogos e entre fiéis, mas, entre estes e a Igreja oficial apresentam-se algumas complicações, principalmente quando o assunto é celibato, pastoral dos divorciados, teologia moral, moral sexual e controle da natalidade. Este centralismo seria uma desconfiança de que o Espírito atua por meio de todos e em todos?

O centralismo se expressa no próprio catecismo, que não é uma carta aos que estão longe, mas uma insuficiente orientação aos que já estão arrebanhados e, muitas vezes, cegos para ver a realidade da própria Igreja e do mundo. O catecismo não trata dos problemas atuais, como: superpopulação do planeta.

Salvação deve ser vista como solidariedade responsável. Solidariedade cósmica e não salvação individual. O planeta precisa ser salvo. Este seria um aspecto que possibilitaria o diálogo, com o mundo considerando as outras religiões.

Os problemas são muitos e pensou-se que, com o Concílio Vaticano II, mudar-se-ia o rumo da Igreja. Mas não foi bem isso que aconteceu. O Concílio, realmente, tinha o desejo de efetivar os princípios de subsidiariedade e colegialidade, mas o novo Papa, João Paulo II, do qual se esperava justamente isso, se apresentou autoritário, dominador e centralizador. Com idéias formadas e convicções próprias é que decidiu governar. Não aceitou diálogo em muitos aspectos: celibato, pastoral dos divorciados, ordenação de mulher, controle de natalidade, etc.

O Espírito não se prende e a mudança continua acontecendo. Ela pode ser vista no avanço do diálogo ecumênico, entre teólogos e fiéis; no espaço ocupado pela mulher na cura das almas, espaço este que não lhe será tirado, mas com certeza abrir-lhe-á as portas.

O mais importante é que o movimento de resistência acontece no silêncio, com vigor e ternura, sem ataques grosseiros, azedumes, o que comprova ser evangélico, fruto da ação do Espírito. Isso nos dá a certeza de que a mudança acontecerá. Somos chamados a ser protagonistas. Também, somos responsáveis pela situação atual, mesmo que seja por omissão.

Como conclusão: devemos voltar à Bíblia para, a partir dela, fazermos teologia moral; fazermos teologia a partir da realidade, revendo os destinatários. Já perdemos o operariado, as mulheres; será que vamos perder nossos jovens e as novas gerações?

Movimentos sociais

A injustiça em qualquer lugar é uma ameaça à justiça em todo lugar. – Martin Luther King Jr

Relatório de uma aula de Pastoral Social.

Segundo a ex. Ministra do Meio Ambiente, Marina, "todos defendem o meio ambiente no ambiente dos outros". Poderíamos relacionar este meio ambiente não somente à natureza, mas ampliar a reflexão para um campo mais vasto. Vivemos um individualismo exacerbado em que cada pessoa só pensa em si, em alimentar seus desejos e instintos, sem pensar nas conseqüências. O bem comum não existe. Só se consegue pensar no bem pessoal. Em todas as ações pensa-se no lucro próprio. Até se faz assistência, mas pensando no que se vai ganhar. Claro que há pessoas pensando diferente. Há movimentos de resistência a esta ideologia, dentre eles alguns movimentos sociais. Nesta tensão, a realidade vai sendo construída. Segundo Celso Furtado, "a realidade não é só construção do capitalismo, é construída através da luta dialética das lutas sociais".

Vivemos num tempo de crise de civilização que é oportunidade de um mundo novo e melhor, mas que exige a participação dos indivíduos. Com certeza, já existem muitos que estão reinventando a vida, ou o jeito de viver no planeta, mas há outros que ainda estão adormecidos. Os que estão à frente, precisam ter paciência histórica. Aqueles que estão adormecidos, precisam ser acordados para também darem passos.

Assim, vemos que a salvação não é individual, ela é comunitária. Que a salvação não é abstração, metafísica, ela é concreta. Vemos, também que, salvação não é só salvar a alma, mas salvar a pessoa como um todo, o planeta, algo que poderia nos unir, se todos despertássemos para esta realidade. Salvar o planeta para salvar a vida. Salvar-se é querer salvar o outro.

Neste tempo de crises, nos deparamos com vários tipos de violência. Aumenta a violência, diminui a democracia, aumentam as injustiças. Violência é tudo aquilo que atenta contra a dignidade humana. O materialismo é uma forma de violência. A falta de cuidado e atenção com a saúde, educação, saneamento básico e tantos outro traduz-se em violência. Nesse sentido todas as violências estão interligadas.

É preciso educar para os direitos humanos, estimular a participação popular política. Cobrar coerência, resultados de quem assume uma função política pública.

Outra forma de violência é o modelo tributário brasileiro, injusto, perverso, penalizando os trabalhadores e consumidores. Política do superávit primário: tirando dos investimentos sociais para pagar juros.

O desenvolvimento cria problemas e não os resolve. Um destes problemas é a crise dos recursos naturais, que são finitos. Estamos na era dos limites. Precisamos limitar o consumo.

É preciso realizar um desenvolvimento sustentável. Desenvolvimento sem destruição. Para isso, o Estado tem um papel importante e os movimentos sociais também.

Neste contexto, a pastoral deve ser social, ou seja, transformadora da realidade social atual. A pastoral deve interferir nas estruturas do sistema e questioná-las apresentando propostas.

Por que a Pastoral deveria interferir nesta realidade? Porque muitas vezes esta realidade não condiz com a dignidade humana, porque ameaça a continuidade da vida no planeta, causa dor e sofrimento à geração atual e gerações futuras, e não se coaduna com o projeto de Jesus Cristo.

Um novo mundo é necessário

Por mais longa que seja a jornada ela sempre começa pelo primeiro passo. - Lao-Tsé

Este texto é fruto da leitura de dois livros de Leonardo Boff: "Do Aiciberg à Arca de Noé", e "O Despertar da Àguia".

Haverá tempo suficiente para o ser humano despertar sua dimensão "águia" e cuidar de si, de sua vida, da terra, a grande "Gaia" (organismo vivo), que é o homem mesmo, destruindo o neoliberalismo e criando um outro sistema. Ou será necessário um exílio em outro planeta para que a espécie não seja extinta e a terra venha a ser restaurada?

Esta questão até parece ser infundada. Mas a verdade é que o neoliberalismo destruiu e continua destruindo -pois este é o seu objetivo - a noção de bem comum, que é efeito da participação do cidadão e da cooperação de todos.

Em contraposição ao bem comum, o neoliberalismo tem como fundamento a rentabilidade e a competitividade. O econômico é o centro. Pode-se entender o ser humano apenas como um ser econômico?

A liberdade do cidadão se contrapõe à liberdade das forças do mercado e o indivíduo torna-se seu escravo. O bem particular se contrapõe ao bem comum. A cooperação é superada pela competitividade, ou seja, cada indivíduo olha apenas para seu umbigo, como uma "galinha" que não sai do chão, do seu limitado terreiro. Tudo se volta para o econômico, para o dinheiro. Tudo que se faz é por dinheiro: trabalha-se por dinheiro, descansa-se para trabalhar mais (ter mais dinheiro), estuda-se para conseguir um emprego melhor (ter mais dinheiro). Os investimentos feitos na qualidade de vida do povo, principalmente pelas indústrias, são sempre para aumentar a produção em vista do dinheiro. Isso atinge em cheio as religiões, umas mais, outras menos. Muitos outros aspectos da vivência humana estão sendo esquecidos: espiritual, humano, artístico.

Negando os valores da participação e cooperação, a existência de cada um não está mais socialmente garantida. Para o neoliberalismo o mercado deve regular tudo, deve ganhar e a sociedade perder. Consequência: crescente empobrecimento mundial. Em uma sociedade injusta, não há futuro nem em longo prazo.

O Medo e o Desejo

A única coisa a temer é o próprio medo. - Boosevelt

Precisamos ter muito cuidado com o medo, pois ele adora roubar sonhos. Escrevi este texto quando estava no terceiro ano de Teologia. O escrevi a partir de uma experiência onde tomei algumas iniciativas mesmo sentindo muito medo. Consegui dar passos mesmo com medo porque o desejo era forte.

O ser humano vive em uma tensão, entre o medo e o desejo. Deseja avançar, deseja crescer, conhecer, descobrir o mundo, descobrir a si mesmo, relacionar-se, apaixonar-se. Ser amado é sua principal necessidade, mas se depara com o medo e não consegue realizar seus desejos.

Os medos são muitos e, muitas vezes, inconscientes. Eles nos paralisam, bloqueiam as energias que seriam usadas para concretizar os desejos. O ser humano tem medo de ser rejeitado, medo de sofrer, medo da solidão, medo de ver o que não lhe é agradável, de sair de seu conforto, de sair de seu mundinho.

Fica uma pergunta: COMO SUPERAR TUDO ISSO?

O medo só pode ser superado quando o desejo for maior; aí, o medo é vencido. Quando se concretizam os desejos, mesmo com medo, vê-se que ele é bem menor que as potencialidades e capacidades existentes.

À medida que os desejos vão se realizando, os medos tendem a diminuir de tamanho, os fantasmas desaparecem, a vida se torna mais simples.

Só uma pessoa convicta de seus desejos e intimamente motivada, consegue vencer seus medos e dar passos rumo à maturidade. É preciso querer, é preciso desejar, é preciso ver que vale a pena arriscar.

Deus é cego?

A missão da vida é procurar o bem em toda a humanidade. - Maxwell Maltz

Nosso Deus é um Deus apaixonado. Escrevi este texto enquanto esperava meu irmão de fraternidade, frei Sérgio, ser atendido no hospital universitário da UFSC. Este texto foi um dos mais complicados na elaboração. Parece mentira, mas fiquei dois dias trabalhando nele. É fruto de uma experiência de genuína amizade.

Há pessoas que amamos e não sabemos dizer os motivos. Acredito que Deus coloca as pessoas certas em nossas vidas, e no momento certo. Elas sempre nos ajudam a crescer em algum aspecto da vida, e aprendem algo conosco também.

Estava saindo de uma crise. Esta amiga acompanhou meu momento de crise e também de saída da crise. Sua amizade suavizou aquele momento tão difícil. É muito bom poder falar de si mesmo, das próprias dúvidas, angústias e ser compreendido.

Quando criança, escutamos o dito popular: "o amor é cego". Refere-se a um amor sem lógica, na visão de quem fala, não na de quem sente. Se tivesse lógica, seria amor?

O amor é cego porque não vê defeitos, maldades, pecados e limitações na pessoa amada; não se ofende, não se sente culpado. Apenas ama. Isso a gente só aprende através da experiência. Foi o que aconteceu comigo. Um belo dia eu estava diante de uma pessoa amiga e senti isso. Pensei comigo mesmo: encontrei a pessoa mais linda do mundo, a mais linda que já conheci; eu nunca havia percebido que essa pessoa possuía tanta beleza. Olhava para ela e não via nenhum defeito, estava diante da perfeição.

Você, caro leitor, perguntar-me-ia: o que isso tem a ver com o título? Preste atenção neste simplório silogismo: o amor é cego; ora, Deus é amor; logo, Deus é cego. Deus não vê nossas fraquezas, limites e pecados, não vê o mal, só vê o bem, o amor.

Para problematizar a questão: o amor é cego, ou ele enxerga e muito bem? Não, o amor não é cego, ele vê além das aparências, em profundidade, vê a essência. Ele enxerga o bem, presente em todas as situações, o que não conseguimos, e por isso, não temos paz.

Então, seria Deus um ingênuo? Deus não é um ingênuo, somente quem não ama é um ingênuo. Quem ama não tem medo de sofrer. E Deus sofre por amar tanto; eis a cruz, expressão máxima do amor e não da dor, do sofrimento. Que esta reflexão nos impulsione a amar para construirmos um mundo melhor onde o amor reine, pois o amor é real, concreto, não fica apenas nas palavras. Como diz aquela canção: "O amor, é como o sol nas trevas de alguém; amar é dar abrigo se a tempestade vem. Existe até quem se cansou e nunca mais tentou. O amor é que ilumina o coração..."

Deus é esquecido?

Ter fé é sair de si mesmo e dar-se a Deus e aos outros. – G. Gutiérrez

Após um momento de oração, abri meu e-mail e encontrei a mensagem de uma amiga. Ela me respondia a um e-mail, dizendo que lhe havia enviado um texto, em anexo, com senha. Por isso, não conseguira abri-lo. Ao pedir desculpas pelo esquecimento, tive a inspiração de escrever sobre o título: Deus é esquecido?

Com o advento da modernidade, a secularização, o iluminismo, a prevalência total da razão, houve um distanciamento em relação a Deus. A modernidade explica os fenômenos naturais cientificamente sem levar muito em consideração a existência de Deus. O problema é que ela, a modernidade, exclui Deus, também da significação e dos fundamentos dos fenômenos.

O que é mais fácil: viver com ou sem Deus?

- Depende da imagem que se tem de Deus.

Deus é esquecido?

- Poderíamos pensar: será que Deus se esqueceu de nós? Será que Deus se esquece das pessoas que estão sofrendo, precisando de uma casa, de um médico, de alimentos? Tantas situações trágicas acontecem.

Onde está Deus?

- Deus morreu dizia um filósofo. Eu diria, graças a Deus. O deus do (filósofo) que morreu era uma fantasia que obstruía o contato com o Deus Verdadeiro. Será que Deus se esqueceu de sua criação, se esqueceu de ter piedade, como diz o salmista?

Ah! Se soubéssemos que Ele está em nós, apenas esperando que abramos um espaço para Ele iniciar a sua missão! Melhor seria se acreditássemos nisso. Quanta ingratidão em relação a Deus! Nós O culpamos por nossos problemas, sofrimentos, comodismos.

A crença de que Ele é Todo Poderoso e Onipotente pode gerar, em algumas pessoas, uma atitude irresponsável em relação a si mesmas e ao mundo. É como se dissesse: Se Ele pode tudo, Ele que faça.

Deus nunca se esquece de nós; nós é que nos esquecemos de Deus. Isso fica muito claro através de nossas ações, que são contraditórias ao agir e ao ser de Deus. Toda ação de fechamento, isolamento, exploração, contrariam a essência de Deus.

Lembrar-se de Deus não é apenas rezar todos os dias, ir à missa aos domingos. Isso pode ajudar, ou atrapalhar, dependendo da mensagem recebida, da imagem de Deus que a pessoa acolhe.

Lembrar-se de Deus é fazer-se menor, esvaziar-se para se doar, para amar. Lembrar-se de Deus é comprometer-se com a justiça, com os empobrecidos, com a transformação da sociedade para que ela seja mais igualitária e eticamente responsável.

O lixo

O nosso povo tem fome e sede, e pede, antes de mais nada, um alimento para a sua esperança que está definhando. – Carlos Mesters

Nosso professor de pastoral social pedia registros reflexivos sobre nossos estágios de finais de semana. Num desses finais de semana escrevi este texto.

A observação da realidade neste final de semana ficou um pouco confusa, devido à quantidade de elementos observados.

Primeiramente, acolhi um grupo de universitários que queria realizar um trabalho voluntário no morro. Uma pessoa que acolhi e incentivei, desenvolveu um trabalho com as crianças que passavam pelo processo de pesagem na pastoral da criança. Recebi a informação de que um adolescente da comunidade havia levado um tiro, durante um tiroteio, e veio a falecer. Fui conhecer uma parte do morro com alguns adolescentes do curso de crisma e vi muito lixo jogado à beira de um riacho, uma agressão contra a natureza.

Todas estas situações me inquietavam. Precisava fazer alguma coisa. Quem sabe, organizar um mutirão e fazer uma limpeza no local. Talvez fosse motivo para iniciar um trabalho voluntário com os jovens universitários. Algumas vezes senti que estava perdendo meu tempo com aqueles adolescentes, que demonstravam estarem apenas a fim de brincar; não levavam nada a sério. Então, concluí que o mais importante era buscar uma forma de entrar no mundo deles, passar conteúdo de uma forma mais leve.

Diante de todas estas realidades vividas pela comunidade e destas situações, como isso apareceu na celebração?

- Simplesmente não apareceu, isto não foi celebrado, não foi ritualizado. Houve a Palavra, mas não foi trazida à vida. Palavras bonitas, mas soltas. Por quê? - Porque o Padre não está inserido, não conhece a realidade do povo, não está presente, porque não reside neste lugar.

No mundo de hoje, por onde se inicia o processo de evangelização? Sem dúvida, inicia-se pelo comprometimento, pela conscientização com o cuidado de nossa casa comum, a mãe terra, que passa por um agir local e concreto.

Em primeiro lugar está a pessoa e não o sacramento. Exemplificando: visitei a Márcia, mas não cheguei perguntando a ela se era casada na Igreja, se sua filha era batizada... Fui até ela para convidá-la a participar de um grupo na comunidade. Além desta família, visitei outras, propondo o mesmo trabalho.

Diante disso, o que se observa é uma Igreja muito mais a serviço de si mesma do que do Reino. Instituições Religiosas também a serviço de si mesmas e não do Reino. Enquanto cada um quer salvar a si mesmo, cada instituição quer salvar a si mesma, competindo entre si, todos estamos caminhando em direção a uma tragédia cósmica. Quanta tristeza!

Buscando Identidade

Ama-se mais o que se conquista com esforço. - Aristóteles

A presença junto aos pobres estava me realizando. Estava dando consistência à vocação e à vida de oração. Mas, percebi que a presença e o trabalho com eles, em si, não é o fundamento da vida religiosa.

Este registro é fruto de três finais de semana, onde aconteceu um processo evolutivo de esclarecimento de identidade.

Três jovens universitários subiram ao morro conosco. Pessoas amadurecidas, conscientes e com bagagem para ajudar a comunidade. Demonstraram abertura, sensibilidade, transparência e comprometimento. Diante da observação, concluíram que era necessário elaborar um projeto para atender a realidade mais necessitada, a começar pela limpeza do local. Pensaram em realizar um mutirão de coleta de lixo, ideia que também tive no sábado anterior.

Este contato, o desejo de realizar um trabalho de base, colocar a mão na massa, me animava, pois me realizava. Mas, neste ultimo sábado, concluí que, para fazer este trabalho, não preciso ser religioso consagrado. Então, não está aí o fundamento da vida religiosa. Sua identidade está mais a fundo e é preciso encontrá-la. Mais do que encontrar a sua identidade, é preciso fazer a experiência desta identidade. É algo que acredito estar fazendo.

O contato com o diferente está me levando, e até exigindo, que eu busque o fundamento, a essência da opção que fiz, estou fazendo, e pretendo fazer com maior profundidade e certeza.

Nesses dias participei, também, de um encontro com junioristas, que são jovens iniciantes na vida religiosa. Acredito que o encontro, com esses jovens, me ajudou consideravelmente. O tema estudado foi "os votos". A assessora trabalhou algumas músicas populares que falavam de amor, para ressaltar o amor de Deus e nossa doação a Ele. Músicas tais como: A gente se entrega, É o amor que mexe com minha cabeça e me deixa assim. Também li um texto à noite que falava sobre a refundação da vida religiosa. Nele, o autor colocava a espiritualidade como a essência da vida religiosa e falava da inserção como necessária para sua refundação.

Parece que depara-se-me um caminho: a vida religiosa é uma entrega total a Deus, e uma entrega de amor. Consagro-me a Ele porque O amo, e porque sou amado primeiro.

Não é por acaso que a vida religiosa tem um caráter esponsal. É um amor de esposo e esposa que, apaixonados, decidem viver juntos, construindo uma vida. Esta é nossa opção: por paixão, doar-se a um Deus também apaixonado.

No entanto, não basta apenas saber que é assim, é preciso viver isso a cada instante, viver de forma extraordinária, o ordinário.

Diante das crises não se deve ficar amedrontado, sentar-se numa pedra e ver o tempo passar. É preciso continuar a caminhada, aprofundar-se nas buscas.

Quanto a mim, diante da crise de identidade, em relação à vida religiosa, que estou passando, devido ao conhecimento de mundos diferentes, se faz necessário um maior conhecimento deste mundo.

Por outro lado, preciso me aprofundar na experiência que já vinha fazendo, no contato com os pobres. Isso estava me realizando. De repente, parece-me que não preciso ser religioso para trabalhar com eles, mas acontece que ainda nem fiz a experiência de radicalidade junto a eles. Preciso aprofundar nesta experiência, como também nas outras.

Estou conhecendo o mundo. Isso envolve riscos, mas confio na providência de Deus, ela há de me guiar. Sei que vou me encontrar. Só se encontra na vida quem primeiro se perde. Quem não se perde não se encontra.

Nessa perspectiva, posso afirmar que, mais do que trabalhar com os pobres, o religioso deve sentir com eles, assumir suas dores, por amor, como Jesus. Amar é a missão do religioso, é estar inteiramente disponível para amar aqueles que mais necessitam. Este é o sentido da vida religiosa. Amor que nasce de uma profunda experiência de Deus. Estar com os pobres, com o povo, tendo uma motivação mística, que me leva a eles e que é alimentada no meu contato com eles, sem perder de vista o transcendente, o teologal, elementos distintivos da presença e da identidade.

Após ter dado tal passo, percebi que há uma diferença no nível das motivações, da disponibilidade e da consistência. Realmente, deve existir, pois caso contrário, estaria sem identidade. A essência do religioso é amar e estar pronto para servir, com radicalidade.

Meu coração sangrou

Aquele que não perdoa os outros destrói a ponte por onde ele mesmo deve passar. - George Herbert

Foi num momento crucial que escrevi este texto. Estava terminando o processo de terapia e iniciando um acompanhamento espiritual. A primeira conversa com o diretor espiritual me apontou caminhos, mas também abriu-me uma ferida. Enviei este texto a uma amiga, e ela me disse: é um texto de quem sofreu muito, mas também fez uma experiência com Deus. Realmente Deus nos ama.

Não tinha consciência de que estava sofrendo tanto, porque não conseguia confiar em nenhuma pessoa de dentro da casa onde morava. Pude contar com a minha família. Isso me sustentou e pude romper bloqueios na comunicação. Passei a amar mais minha família e sentir-me amado por eles, também. A comunicação com minhas raízes foi refeita.

Hoje não me sinto abandonado como me sentia no momento em que escrevi este texto. Sinto-me pertencente a uma fraternidade, acolhido e amado pelas pessoas que a compõem.

Por uma semana, pensei estar só, abandonado, perdido. Por uma semana, vivi a incerteza da chegada. Por uma semana, passei pela escuridão. Foi um momento de espera, de expectativa. Não perdi a esperança, nesse tempo. No fundo, eu tinha esperança, só não tinha certeza porque não via nada, mas Ele estava comigo. Ele me conduziu e está me conduzindo. Disso eu não tenho dúvidas.

Quando pensei estar só, é que Deus estava mais próximo. Quando pensei não estar sabendo o que fazer, o que decidir, é que estava com Ele e, por isso mesmo, deixei que ele agisse, tomasse as decisões por mim.

Meu coração sangrou, quando vi que estava cercado por muitas pessoas, mas, na verdade, estava sozinho. Meu coração sangrou, quando percebi que nos propusemos a viver em fraternidade, mas senti que não nos amamos. Meu coração sangrou, quando vi que não podia buscar ser amado pelas pessoas. Cada um busca ser amado, mas se esquece de amar. Meu coração sangrou, quando percebi que teoria e prática estão muito distantes, bem como ideal e real.

Diante disso, algo me sustentava: o amor de minha mãe. Ela me ama e muito, porque ela me sentiu, me gerou e deu-me a vida. Ela é um pouquinho de mim. Eu sou um pouquinho dela. Seu amor é livre e gratuito, por isso aproxima-se muito do amor de Deus. Quem me ama, também, é meu pai, que me vê como extensão sua. Meus pais me amam porque sou fruto do seu amor. Ninguém me ama mais que meus pais, acredito. Meus irmãos também me amam, pena que muitas vezes não verbalizamos essa verdade uns para os outros.

Há um Outro que me ama: o qual eu chamo Deus, como dizia Francisco: o Onipotente, glorioso, altíssimo, sumo bem, meu Deus e meu tudo. Percebi que isso é o essencial, o resto, é relativo. A teologia é palha que queima, doutrina é palha que queima, direito canônico é palha que queima, catecismo é palha que queima, não somente palha que queima a si mesma, mas também aos outros, as pessoas, quando absolutizadas.

O sentido maior que me faz permanecer aqui é Deus. Meu Deus, agora que estamos sós, vamos conversar.

O que Tu queres de mim?

Qual a solução para tudo isso?

Transformar todo este sangue em amor. Transformar toda esta dor em amor. Se conseguir isso, serei feliz onde estiver. E para onde quer que eu vá, terei que trabalhar este conflito primeiro; caso contrário, não serei feliz, não tomarei a decisão certa.

E pensar que um dia julguei que eu estivesse sozinho. Nunca estive.

Nosso Deus é eternamente misericordioso. É o momento de viver esta misericórdia, sendo misericordioso também.

Da Dor nasce o Amor

Entre as ruínas sempre poderá nascer uma flor. A felicidade cresce quando acreditamos no amor. - Pierre Well

Aqui está a síntese de um processo. Difícil comentá-lo. Digo apenas que fui incentivado por minha psicóloga - que foi meu anjo e hoje é minha amiga - a escrever este texto. Penso que qualquer comentário, neste momento, não é necessário, pois pode comprometer a riqueza do texto.

O ser humano vive em uma tensão, entre o medo e o desejo. Deseja avançar, deseja crescer, conhecer, descobrir o mundo, descobrir a si mesmo, relacionar-se, apaixonar-se. Ser amado é sua principal necessidade, mas se depara com o medo e não consegue realizar seus desejos.

Os medos são muitos e, muitas vezes, inconscientes. Eles nos paralisam, bloqueiam as energias que seriam usadas para concretizar os desejos. O ser humano tem medo de ser rejeitado, medo de sofrer, medo da solidão, medo de ver o que não lhe é agradável, de sair de seu conforto, de sair de seu mundinho.

Fica uma pergunta: COMO SUPERAR TUDO ISSO?

O medo só pode ser superado quando o desejo for maior; aí, o medo é vencido. Quando se concretizam os desejos, mesmo com medo, vê-se que ele é bem menor que as potencialidades e capacidades existentes.

À medida que os desejos vão se fortalecendo e realizando, os medos tendem a diminuir de tamanho, os fantasmas desaparecem, a vida se torna mais simples.

Só uma pessoa convicta de seus desejos e intimamente motivada, consegue vencer seus medos e dar passos rumo à maturidade. É preciso querer, é preciso desejar, é preciso ver que vale a pena arriscar.

Esse passo rumo à maturidade, geralmente, é dado num momento de crise. As crises são oportunidades para a pessoa iniciar um processo de mudança, de transformação, de saída de seu mundinho.

Após descermos e chegarmos ao fundo do poço, ou ficamos lá, ou saímos. A saída acontece depois que chegarmos ao fundo.

Este processo de saída é fascinante, é o momento em que começamos a descobrir que a vida é fantástica, maravilhosa.

Sozinhos nunca conseguiríamos deixar o fundo do poço; também nunca conseguiríamos deixar nosso mundinho, deixar o casulo da "segurança". Sem uma tomada de decisão de nossa parte, nada acontece. É a partir de nossa postura de tomar uma decisão é que as coisas começam a dar certo. A partir do momento que temos um desejo forte de mudança tudo conspira a nosso favor. Aparecem pessoas certas nas horas certas, pessoas que nos compreendem, nos entendem. Às vezes, até uma paixão pode ser motivo de uma reação, de deixar o poço, esquecer a dor e dar passos. Como é bom sentir que há pessoas que nos vêem como realmente somos. Não há bloqueios na comunicação e nem conseguimos colocá-los. Diante dessas pessoas não precisamos usar nossas máscaras. Talvez seja porque elas nos amam com da forma que somos.

Ao fazermos este processo, sentimo-nos emocionados, pois olhamos para o passado e nos lançamos ao futuro com um sentimento de alegria, já que não estamos mais com tanta dor, e percebemos que podemos ser mais felizes ainda. É quando descobrimos que a felicidade é possível, como diz Almir Sater, em sua música Tocando em frente: "Cada um de nós compõe a sua história, e cada ser, em si, carrega o dom de ser capaz, e ser feliz".

Passando por uma situação dessas, descobrimos que a dor emocional é bem maior que a dor física e o que aconteceu, aconteceu; não tem como voltar. Resta-nos aceitar o acontecido e mudar hoje, o que não foi bom ontem. Não somos fechados. Somos abertos, transcendentes. Por mais que nosso passado nos influencie, ele não nos determina. Somos livres, ou poderemos ser.

Descobrimos que a vida surge onde a gente menos espera: do nada, do caos. É como uma bela rosa, que surge no esterco.

Pode acontecer que, nesse processo de transformação, de saída da crise, descubramos que muitas coisas nos machucavam mais do que imaginávamos. É o momento em que o coração sangra. É nesse momento que cabe a nós, a decisão de amar ou sofrer eternamente.

São momentos em que nos sentimos completamente abandonados, perdidos, vivendo na escuridão. É um momento de espera, de expectativa. Não podemos perder a esperança. Deus está conosco e nos conduz.

Quando pensamos que estamos sós é que estamos mais próximos de Deus, e descobrimos que apenas Ele é essencial, o resto é relativo. Aí, dizemos num diálogo pessoal: Meu Deus, agora que somos só nós dois, vamos conversar.

Saindo desse processo, percebemos que não podemos alimentar esperanças de sermos amados, porque cada pessoa está buscando o amor, buscando ser amada. A única saída para nossa dor é amar, amar e amar com a força do transcendente, para o qual devemos lançá-la. Assim, a felicidade que sentimos vem como resposta a um amor que se doa.

Percebemos que nossa dor é a dor da humanidade. Cuidando da humanidade, em cada pessoa que está a minha frente, é que estarei cuidando de mim. Enquanto olhamos apenas para nosso eu e cuidamos apenas de nosso bem-estar pessoal, nunca seremos felizes. A felicidade é construída em sociedade, em comunidade, em grupos humanos; nunca, isoladamente.

E aí, entendemos o que é o Reino de Deus. Ele começa em mim, naquilo que faço comigo mesmo. Entendemos que salvação não é abstração, metafísica, é amor verdadeiro, vivido no dia-a-dia, a partir de pequenas coisas. A maneira como fazemos as pequenas coisas, revela nossa convicção espiritual e nossa profundidade mística.

Sem perder o contato com a realidade, sem tirar os pés do chão, voamos como uma águia e olhamos a realidade com os olhos de Deus. É quando começamos a discernir a sua vontade: “Ame ao seu próximo como a si mesmo” (cf. Mt 22,39b.).

Pessoas são obras de arte de Deus

Quem não evita faltas pequenas pouco a pouco cai nas grandes. - Perilo Neves

Relembrando minhas feridas e percebendo que ainda não estavam sanadas, o escrevi.

Queridos leitores, tomemos muito cuidado com nossas relações, pois, para machucarmos uma pessoa, derrubá-la, até mesmo traumatizá-la, não é tão difícil quanto parece. Mas, ao contrário, curá-la, libertá-la, não é nada simples. É um processo longo e doloroso.

Toda pessoa é uma imagem de Deus. Ao vermos uma pessoa, ao nos relacionarmos com ela, é com um pouquinho do ser de Deus que estamos nos relacionando.

Se amamos a Deus e o respeitamos, devemos respeitar também aquilo que Ele fez. O que acontece conosco, quando vemos uma obra de arte de um artista famoso? Lembramos o autor e respeitamos a obra em respeito a ele. E o apreço dado ao trabalho artístico está muito ligado ao autor. Se o autor é conhecido, o trabalho é mais visitado e admirado.

Nós, humanos, somos uma obra artística de Deus. Fomos criados por Deus. Devemos respeitar essa obra de arte, em respeito a seu autor. Respeitando e valorizando suas obras, estamos respeitando e valorizando também o autor. Amar as criaturas é amar o criador. Ser amado pelas criaturas é ser amado pelo criador. Não há outro caminho para nos relacionarmos com Deus.

Deus deve sofrer muito quando vê uma criatura sua sendo destruída, machucada, excluída, maltratada, violentada. Imagine você o sentimento de Picasso ao ver um de seus trabalhos feitos com tanta dedicação e inspiração, sendo destruído. Ele se sentiria destruído, também.

Pois bem, o mesmo acontece com Deus. Quando machucamos uma de suas criaturas é a Ele que estamos ferindo. Quando cuidamos de suas criaturas e as amamos é a Deus que estamos amando, é de Deus que estamos cuidando.

Assim é que vivemos nossa fé, nessas coisas práticas, concretas. Fé não é somente idéia, pensamento, teoria, opinião. Ter fé é acreditar em Deus, e entregar-se a Ele. É um jeito de viver, um jeito de ser.

Encontrar-se, é comprometer-se

O homem mais poderoso é o que se faz dono de si mesmo. - Sêneca

Enviei o texto "Da dor nasce o amor" a algumas pessoas. Muitas me respondiam dizendo que o texto parecia ter sido escrito para elas. Então, pensei: quantas pessoas estão quebradas interiormente e infelizes! Eu estava encontrando a felicidade. Então escrevi este texto, partindo de minha experiência.

Quantas pessoas, nos dias atuais, estão completamente perdidas? Não se encontram em nada que fazem. Não conseguem preencher o vazio existente em seu ser. Buscam a felicidade, a realização, mas não as encontram.

Vivemos em um mundo fragmentado, em todos os sentidos. Vivemos o mundo do descartável. Não conseguimos estabelecer relações profundas com quase nada. Nem conosco mesmos, nem com outras pessoas, com nosso trabalho, com a família, com Deus, com uma religião. É a era do "macaco": pulamos de galho em galho. Até parece que regredimos no processo de evolução. Estamos involuindo, nos desumanizando.

Neste mundo complexo, encontrar-se é um desafio um tanto complicado, mas não impossível. Para isso, nos faltam modelos a serem seguidos, pessoas místicas que apontem caminhos. Talvez elas até existam, mas não as encontramos, porque não as vemos, devido a nossa cegueira interior.

A felicidade é uma busca contínua, uma luta e um direito diário. Não dá para viver uma vida sem sentir o gosto de viver, sem sentir o sabor da existência. Um jovem drogado me dizia: "tenho vinte e seis anos e desde os doze sou drogado, nunca consegui nada na vida, nunca me senti feliz, sinto algo ruim dentro de mim".

Quantas pessoas se encontram nesta situação! Vítimas de uma história? Decisão pessoal? É muito difícil da uma resposta imediata para estas questões.

Para nós, que temos uma família, uma história mais ou menos estruturada, tudo é mais tranquilo. Mas não podemos nos esquecer que, a quem muito foi dado, muito será cobrado. O que estamos fazendo com os dons que Deus nos deu?

Mesmo tendo uma história saudável, muitas vezes reclamamos da vida, como se ela fosse culpada por nossas fraquezas.

Encontrar-se é, num primeiro momento, assumir-se na sua identidade, com tudo aquilo que você é, comprometer-se com você mesmo. Sentir-se responsável - não culpado - por todos os sentimentos vividos durante o dia, por todas as dores sentidas. Enquanto você responsabilizar os outros pelo que você é, pelo que você sente, nunca será feliz. Ao passo que se você se doar para o outro e fazê-lo feliz, se sentirá melhor e muito feliz também.

Encontrar-se verdadeiramente é assumir um compromisso estável e duradouro. Pode ser um casamento, uma profissão, uma luta social, não sei. Você irá descobrir. Mas, há de existir algo pelo qual doe a sua vida. Assim, a sua existência vai sendo construída com solidez.

À medida que você se envolve, será envolvido. É uma caminhada dinâmica de crescimento e aprofundamento naquilo que escolheu. Este crescimento acontece até o momento da morte, momento em que se faz a renúncia final, a doação total de si mesmo, para encontrar-se definitivamente com o Altíssimo face a face e com sua própria identidade.

Qual o melhor bem que você pode dar ao outro? Você mesmo. Você é o seu maior tesouro. Cuide de você, queira-se bem, ame-se, seja feliz e doe esta felicidade a outras pessoas que precisam dela.

Nossa missão é dar continuidade à obra criada por Deus. Somos chamados a sermos artistas da existência.

Apropriação

É um estranho desejo, esse de buscar o poder e perder a liberdade. – Francis Bacon

Escrevi este texto a partir da observação que fazia de mim mesmo, a respeito de meu trabalho pastoral. Esta observação e reflexão fizeram me sentir mais livre e mais realizado nas atividades. Minhas atitudes mudaram um pouco; vi que é preciso dar mais atenção às pessoas do que às coisas.

Nós, seres humanos, temos uma facilidade imensa de nos apropriarmos das coisas, das pessoas, até de nós mesmos. Apegamo-nos excessivamente de tudo. Cada um pensa que Deus é só seu; meu pai e minha mãe são apenas meus, os irmãos existem exclusivamente para mim; minhas roupas não divido com ninguém; os dons que Deus me deu, não os reparto com ninguém. Olhamos tudo a partir de nós mesmos. Não conseguimos, ou não nos esforçamos para olhar de outra forma. Agindo assim demonstramos que somos extremamente egoístas.

Interessante, como nos enganamos quase o tempo todo, pensando que estamos servindo e amando, mas, na verdade estamos nos servindo e buscando ser amados. Claro que é impossível não ser servido, não ser amado, o que precisa é haver reciprocidade. Só uma pessoa problemática, com alguns desvios ou transtornos, não deseja ser amada. Apenas um auto-suficiente não reconhece e não tem consciência de que precisa de outras pessoas.

Quem não se relaciona, não ama e não vive o cristianismo, pois este é essencialmente relação de amor.

O apropriar-se das coisas é que dificulta a relação e o diálogo. Quando me aproprio de algo, com certeza, vou fazer tudo para defender esse algo. Isso poderá me causar inquietação, ansiedade, agressividade, raiva. Em síntese, roubará minha paz interior.

É impossível viver em paz, apropriando-se das coisas com egoismo. Não é pobre de espírito quem ainda não fez este gesto de desapego e abandonou tudo nas mãos de Deus. Não é um abandono que gera passividade, mas liberdade e confiança, porque Deus é o condutor da história e o Senhor de tudo. Participar desta condução, ser colaborador de Deus na edificação do seu Reino, é gratificante.

Isso não se conquista da noite para o dia, é uma busca constante, mas não sem resultados. É um processo, até entendermos que não somos donos de nada. Aí, nos esforçaremos para não nos apropriarmos egoisticamente daquilo que não nos pertence. E o que nos pertence? Será que existe algo que nos pertença? Sim, existe a responsabilidade por aquilo que nos foi dado de graça. Primeiramente, nossa vida, e todas as coisas criadas.

Não apropriar-se para poder ser livre e viver feliz com liberdade de coração.

Confiança

Quem tem muito amor no coração tem sempre alguma coisa para dar aos outros. – Santo Agostinho

Uma religiosa juniorista partilhou sua crise comigo. Falou sobre suas dificuldades, abriu seu coração e sentiu-se aliviada.

O maior presente que podemos receber de uma pessoa é a sua confiança, que é algo que conquistamos através de nosso testemunho, coerência de vida, seriedade, equilíbrio afetivo, maturidade, simplicidade, acolhimento e amor.

O que motiva uma pessoa a abrir sua interioridade e partilhar seus limites, seus pecados, seus problemas, suas dores, seus sonhos e alegrias, é a certeza de que continuará sendo amada, mesmo revelando-se. É um momento de libertação, desprendimento. Desapego do que não foi bom e abandono total no amor e na misericórdia divina, para continuar com alegria a caminhada da vida.

Para quem ouve, para quem acolhe é a recompensa de todo um esforço realizado. Amar gera amor nos outros. Ver, sentir uma pessoa crescer na confiança da misericórdia de Deus e sentir-se amada por ele, é algo indescritível que nos leva à contemplação.

É uma experiência de edificação. Não é um simples ouvir, mas ouvir com o coração, ouvir amando.

Deus sofre muito quando não confiamos em sua misericórdia. Toda pessoa que ama, deseja estar perto da pessoa amada, deseja o amor da pessoa amada, a presença dessa pessoa, deseja que a pessoa sinta-se amada. Quer intimidade, reciprocidade e sintonia.

Muitas vezes, nós não entendemos o amor de Deus. E, quando percebemos que estamos distantes de Deus, temos dificuldades de nos aproximarmos D'Ele novamente. Mas, por que esta dificuldade, esta insegurança? Será que conhecemos Deus? Acreditamos que Ele nos ama? Ou aprendemos que Ele é vingativo, legalista, perfeccionista?

Pastoral Social

O exemplo convence-nos mais que a palavra. - Sêneca

Esse registro é uma síntese das aulas de pastoral social. Ajudaram-me a fazer a experiência que relato abaixo.

As aulas de Pastoral Social foram uma experiência de encontro e paixão. Encontro com Deus e sua causa. Paixão por Deus e sua causa.

Liguei para uma pessoa apenas para conversar um pouco. Ela disse-me num tom de brincadeira: "mas como tu tens tempo para jogar conversa fora"! Falei sobre o menino que me pediu comida e que, num primeiro momento, fui insensível, não lhe dei atenção. Então ela perguntou se eu me sentia mal quando acontecia um fato parecido e respondia com um "não". Não entendeu o que significava aquilo para mim, nem poderia, porque não sabia como estava a minha interioridade. Disse-me que essas pessoas nos tratam mal e que, de nada adianta tratá-las bem, pois não vão mudar sua conduta. Eu lhe disse: "dou-lhes um minuto de dignidade, gratuitamente, sabendo que, provavelmente, elas não mudarão, mas, mesmo assim, merecem receber um instante de atenção, de amor, não importa o que acontecerá depois". Essa frase dita, quase sem pensar, me fez refletir muitas coisas.

Não posso exigir que mudem sua relação comigo. A única exigência que me compete fazer, de maneira caridosa é, em relação a mim mesmo. Minha vida, meu processo de crescimento humano e espiritual são de minha responsabilidade. Não posso esperar a mudança do mundo para sair de meu egoísmo. Não posso esperar que todos sejam perfeitos para, somente depois, buscar a perfeição. Aqui, falo de perfeição como perfeição da caridade, não em relação a erros, falhas, pecados.

Temos que tratá-las como irmãs. Para muitas pessoas isso é uma ingenuidade. Mas, como dizia Frei Dorvalino Fassini: "Ser franciscano é ser um imbecil."

Foi uma das conversas mais profundas que já tive. A conversa que me fez ver, para que eu existo. Naquele momento, senti que minha vocação, minha existência é para amar aqueles que mais precisam. Como Francisco amou e abraçou o leproso, minha missão é, também, abraçar a causa do pobre junto a ele.

Minha missão é amar meus irmãos de fraternidade. Amar as pessoas excluídas de nossa sociedade. Viver por elas, ser a voz que elas não têm, lutar por seus direitos. Como disse Jesus: "Os doentes é que precisam de médico... eu não vim chamar os justos, mas os pecadores". Ajudar a promover um sistema de justiça, sem distanciar-me das pessoas atingidas por esse sistema injusto, para não me acomodar.

Para viver uma fé encarnada, que promove libertação, é necessário ter ferramentas: conhecimento da realidade, assessoria especializada, liberdade de coração, mística.

O amor gratuito não exige recompensa, ama porque sente prazer em amar. Ama porque tem amor para dar, e amando vai transformando a realidade, pois só o amor é capaz de transformar.

Abrir o coração e colocar-se na missão sem medo, sem amarras, sem desconfianças. Lançar-se mesmo sem saber o que vem depois, construindo a própria vida a vocação, dia-a-dia, sempre em sintonia com Deus.

Como seria bom se todos entendêssemos que é possível sair do egocentrismo. Penso que, os meus gestos e as minhas ações são verdadeiros testemunhos da minha vida, e com certeza, poderão servir de incentivo para muitas pessoas. Este é um caminho a percorrer, buscando cada dia o melhor de mim mesmo.

A tensão entre o ideal e o real

Até que o sol brilhe, acendamos uma vela na escuridão. – Confúncio

Percebi que minha frustração aconteceu porque criei alguns mitos em meu mundo imaginário. Mitos em relação à vida religiosa, à vida cristã, à própria vida. Mitos em relação à felicidade, à vocação. Em síntese: o mito de querer encontrar o ideal plenamente presente no real, no cotidiano da vida.

Refletindo sobre o ideal e o real, inspirado por algumas conversas e estudos, vi que o ser humano é um eterno vir a ser, e está sempre em construção.

O que existe é o real que é apenas um fragmento da totalidade que ainda não temos e não somos, pois o mundo está em evolução, nós estamos em evolução. Querer sempre encontrar o ideal em todas as coisas causa-nos frustração. Pode ser com nós mesmos, com os outros, com instituições e com o mundo. A realidade às vezes, é bem diferente daquilo que pensamos e sonhamos.

Existem em cada um de nós potencialidades guardadas, escondidas, ainda não desenvolvidas. Por exemplo, o Maurício que Deus quer, que está no projeto Dele, ainda não está pronto, mas em construção. Já existe, desde sempre no plano, no desejo de Deus.

A pessoa é construída por ela mesma, pela convivência com outras pessoas, pela sociedade em geral e, principalmente por Deus. Há momentos em que caem tijolos da construção, às vezes, até paredes inteiras. Há momentos em que a própria pessoa destrói a si mesma; em outras situações, são os outros que impedem que a construção aconteça. Funcionários fazem greves, políticos mensalão, pessoas próximas ficam doentes e abandonam a construção, às vezes se irritam e derrubam paredes, borram pinturas.

Quando os construtores não puderem continuar os trabalhos, o construtor principal, Deus, se oferece para ajudar na construção. Então, é preciso dizer sim. Para alguns, é mais fácil, para outros, mais difícil. Quanto mais próxima a construção estiver de seu fim, mais fácil será acreditar que ela poderá ser concluída.

Nesta empreitada, cada pessoa torna-se o operário principal. Deve cuidar de sua construção, não aceitando que derrubem as paredes ou que borrem a pintura. Também deve cuidar de sua construção, cuidar de si mesma. Aceitar ajuda, ser humilde e colaborar com outras construções.

A princípio, aceitar a realidade do jeito que ela se apresenta, mas acreditar que ela pode ser mudada é o primeiro passo para a construção da plenitude, da felicidade. Para que essa mudança aconteça é necessário muito trabalho, disponibilidade, força de vontade, perseverança. Assim, a realidade vai se aproximado do ideal desejado.

Por isso, não se pode esquecer o ideal, ou deixar de acreditar nele. Nem sempre se encontra o ideal aqui. Ele deve acontecer mais à frente, e isto impulsiona a pessoa a continuar caminhando.

O encontro com o real é duro, machuca, faz sofrer porque faz ver que a realidade não é poética. Pode até haver momentos de poesia, mas o dia-a-dia é árido e, muitas vezes, realmente seco.

O real desestabiliza a pessoa, mexe com a sua sensibilidade, com a sua estrutura, sua forma de pensar, seus posicionamentos. Por isso, é importantíssimo aprender a ler a realidade, a ler a si mesmo, no contexto.

É através de experiências positivas e negativas que a construção acontece. Quando uma parede cai é porque não estava firme, precisa ser reconstruída. Isso mostra que não se constrói apenas com fatos bons; os negativos também são utilizados para a construção.

Não se pode desanimar diante dos acontecimentos negativos da vida, mas acreditar que chegou o momento de cuidar, ainda mais da construção e não parar de trabalhar. É momento de rever o projeto, consultar engenheiros e mestres-de-obras. Um aspecto importante é não analisar apenas a parede que caiu, mas analisar toda a estrutura da casa. É preciso ter uma visão global, tanto de si mesmo, quanto da realidade que nos cerca.

Perder as seguranças

Existem quedas que provocam ascensões maiores. – Shakespeare

Escrevi quando estava passando por um momento difícil.

A maturidade espiritual é viver com Deus e em Deus. Esta não é uma questão muito simples de entender. Por quê? Porque maturidade é ser livre, autônomo, independente. Ter maturidade é dar conta da própria vida, caminhar sozinho, como a criança que não precisa mais que o pai a segure pelas mãos. Então, enquanto não deixarmos alguns dos nossos apoios, não estaremos no deserto, nossa fé não será purificada. Por conseguinte, não estaremos amadurecidos na fé.

Muitas pessoas só se sentem seguras quando são gratificadas por alguma coisa. Isto significa que ela precisa de elogios e louvores para se sentir melhor. Deixar essas seguranças torna sua vida mais difícil. É preciso entender e aceitar que a segurança maior está em Deus, que é a motivação central para a vida, em todos os aspectos que ela envolve.

Seria encontrar-se e estar na solidão; não solitário, até porque, só pode se comunicar quem primeiro provou a solidão, encontrou-se consigo mesmo no mais profundo de seu ser. Sentir-se próximo a tudo e integrado no todo, sem apropriação de nada, conseguindo estar só, consigo mesmo.

Esse processo exige encontrar-se na fragilidade humana, na insegurança pessoal e existencial para, em Deus, alcançar a segurança que se dá num ato de fé.

Em relação a Deus, é também não depender D'Ele - como se fosse um trator que nos puxasse - mas um Pai que nos lança do penhasco abaixo, para voarmos e sentirmos a adrenalina existencial e a sensação de uma mão invisível que nos sustenta. Deus faz isso porque nos ama e quer que sejamos realmente livres, inclusive da dependência D'Ele, dependência no sentido negativo: dizer, "isso é a vontade de Deus", para justificar nossos comodismos e omissões. Assim é que entenderemos o quanto Ele nos ama, quer o nosso bem e que sejamos livres e responsáveis.

Amamos o que conhecemos

Uma palavra nos liberta de todo o peso, de toda a dor da vida: Amor. - Sócrates

Escrevi este texto em uma viagem de Florianópolis a Umuarama. No terceiro ano de teologia necessitei, por motivos de saúde, trancar o curso e mudar-me para Umuarama, onde fiquei por mais de um ano, fazendo um estágio pastoral. Foi uma experiência riquíssima. No início foi muito difícil aceitar a mudança, pois em Florianópolis eu estava me dedicando ao trabalho de monografia, e com planos de concluir os estudos teológicos, o que aconteceu somente três anos depois. Após algum tempo percebi que não havia perdido nada; na verdade, ganhei.

Só amamos o que conhecemos. Quem ama nunca esquece, porque o amor é imortal. A imortalidade perpassa nossa existência. Para alguns, é uma graça; para outros, desgraça. Para os infelizes, que não se suportam, é uma tortura pensar na imortalidade. Para aqueles que são felizes, pensar na felicidade eterna, é fascinante.

A felicidade é uma busca de todo ser humano. Tudo que fazemos é em busca de uma realização. Por trás de ações que destroem a vida como: drogas, álcool, a pessoa está buscando felicidade, mesmo que em formas totalmente equivocadas.

Um dos segredos da felicidade está na necessidade básica do ser humano de amar e ser amado.

É um ato de coragem como diz Paulo Freire, porque nem sempre o amor é correspondido. Corremos o risco da rejeição. Deus foi rejeitado; Jesus, o Filho de Deus, morreu na cruz. Mas, somente nos abrindo com o outro, amando-o primeiro, poderemos receber o presente que ele é, e sermos amados, também.

O amor compromete. Isso, a princípio, assusta. Mais tarde, fascina, pois nos leva a descobrir um tesouro. Quando descobrimos tesouros, temos capacidade de deixar tudo. Deixar a segurança, deixar as máscaras para viver uma aventura: amar e ser amado, que é a essência da vida.

O amor é brasa sob as cinzas; não se apaga na pessoa, mas se transforma.

Ser Feliz

A felicidade é uma experiência ligada à sabedoria. - Belmiro Braga

Sem dúvida, o eixo central de todos os meus textos é a busca da felicidade.

Todos queremos ser felizes e somos capazes de realizar coisas, quase que inacreditáveis para concretizar tal desejo. Parece até mentira, mas para ser feliz matamos, mentimos, enganamos, nos prostituímos, roubamos, destruímos a nós mesmos, aos outros e também a natureza, diminuímos os outros e muitos mais.

Não existe uma ação, se quer, que façamos, que não seja em busca disso: a felicidade.

O problema é que, muitas vezes, ou quase sempre, fazemos os outros sofrerem por causa dessa nossa busca, e sofremos também. Por quê?

- Porque queremos ser felizes egoisticamente, ou seja, sozinhos; nos esquecemos que as outras pessoas têm o mesmo desejo. Não entendemos, não "sacamos" que o caminho mais curto e seguro para ser feliz é proporcionar felicidade a outros.

Uma pessoa infeliz pode ajudar outra a encontrar tal felicidade? Diria que não. Porque a pessoa infeliz está necessitando de ajuda. Como ajuda-la?

- Podemos mostrar-lhe, através de um diálogo, que é possível ser feliz. O caminho é aceitar-se, amar-se buscando os valores existentes em si mesma, buscando a Deus na oração.

Quer conquistar alguém?

- Faça um elogio verdadeiro, descubra uma qualidade que essa pessoa ainda não percebeu que tem e a valorize. Quer ajudar uma pessoa a melhorar sua auto-estima?

- Ajude-a a deixar de comparar-se aos outros, e descobrir-se a si mesma.

A felicidade está dentro da gente, ela não está nas coisas externas e materiais, muito embora estas ajudem. A felicidade está no valor que damos ao que somos e temos. Nossa existência, nosso existir, devem ser motivos de felicidade.

Reflita comigo: se dentro de você as coisas não estiverem bem, nada fará você feliz.

Para ajudar o outro ser feliz e alegrar-se, também é preciso deixar as mesquinharias de lado, e amá-lo, mesmo que ele não mereça; é o amor ágape, o amor de Deus.

Servir a Deus

A melhor maneira de ser feliz é contribuir sempre para a felicidade dos outros. - Baden Powell

Este texto foi escrito a partir da leitura do livro "He: a chave do entendimento da personalidade masculina". É uma reflexão a partir do que achei essencial no livro.

Estamos cansados de ouvir que vivemos em tempos de crises. Fala-se de crise civilizatória. Momento de transição. Estaria a humanidade tornando-se uma aldeia global, ou, que não mais existiria separação por raças, países, culturas. Estaria a humanidade conscientizando-se como espécie, e formando um grande povo. Esta é a ideologia neoliberal do grande mercado mundial, onde todos, supostamente, seriam livres para comprar e vender neste mercado. É um mito criado para o livre acesso das grandes potências nos países pobres sem nenhuma responsabilidade com o desenvolvimento desses países.

O que revela esta crise, ou, o que ela provoca, é um grande vazio existencial, falta de sentido, onde a depressão passa a ser a doença mais frequente, principalmente entre os jovens.

Buscando soluções fáceis, na ânsia de preencher o vazio, a humanidade afunda-se cada vez mais. O imediatismo, o relativismo ético e o permissivismo são como febres que revelam uma grave infecção. A humanidade está doente, a terra está doente, está inquieta.

As crises não são o problema, mas precisamos saber trabalhar essas crises. Diante da angústia, a fraqueza humana não se sustenta e foge. Foge para o barulho, para as compras, sexo, drogas, bebidas, festas, orgias.

O sentimento de infelicidade leva as pessoas a buscá-la. O problema está justamente aqui: na busca da felicidade. Nestes momentos de angústia, solidão e vazio existencial, a pessoa olha apenas para si mesma, não se vê num contexto maior. Não consegue raciocinar sobre qual caminho tomar para sair do problema.

O caminho equivocado que, na maioria das vezes se toma, é o da busca da felicidade pessoal. Ao escolher este caminho, ela negligencia as outras pessoas e o grande Outro: Deus. Comete um grande erro.

Fora de Deus não existe possibilidade de felicidade e realização, e a busca de uma realização pessoal inflama o ego, o que provoca uma frustração maior.

Então, o que fazer? Que caminho tomar?

- Buscar a Deus. Trilhar o caminho do serviço a Ele, do reconhecimento de que N'Ele está o sentido da vida e também a própria vida. No serviço a Ele se encontra a felicidade, as duas coisas estão juntas.

Felicidade é deixar Deus invadir o ego para que este diminua e Deus cresça.

Isso vale para todas as pessoas, para aquelas que participam de uma denominação religiosa e também para um ateu.

Há muitos caminhos que nos ajudam a alcançar isso. Um deles é a religião. Para o cristianismo o grande modelo a ser seguido é Jesus Cristo, e para isso temos o seu Espírito que está em nós.

Modelo disso é a encarnação, "e o verbo se fez carne", e "não se apegou ao ser igual a Deus", acabando por morrer numa cruz. A encarnação, a cruz e a eucaristia são mistérios de minoridade, rebaixamento, renúncia. Neste mistério se esconde um outro maravilhoso mistério, o mistério do amor.

Este mistério é incompreensível, não porque não conseguimos entende-lo, mas porque não conseguimos abarcá-lo totalmente, sempre nos escapa. Isso é mistério: quanto mais compreendido, mais incompreensível, mais distante.

O problema é que, muitas vezes, as religiões são motivos de distanciamento de Deus. Isso acontece quando se absolutizam as religiões. As religiões também devem seguir o exemplo de Cristo. Como caminho para a felicidade, devem seguir a mesma pedagogia para encontrá-la, a pedagogia do serviço, da minoridade. Uma religião dominadora, não nos conduz a lugar algum, transforma-se em idolatria. Nada deve ocupar o lugar de Deus.

As religiões são pontes, caminhos que nos ajudam na travessia. Quando chegarmos à terra prometida ainda precisaremos desse caminho? Ele ainda nos ajudaria, ou apenas seria uma prisão? Salvação como libertação, não seria libertação, também das religiões?

E quem não pertence a nenhuma denominação religiosa? Para essas vale aquela frase do teólogo E. Schillebeeckx: "fora do mundo não há salvação". A pessoa pode não participar de um grupo religioso, mas participa de um grupo humano, família, grupo de amigos, grupo de trabalho. Ela está inserida no mundo, na sociedade. E é neste relacionamento de amor- com o mundo e com as pessoas - que ela se constrói.

Espiritualidade desencarnada ou espiritualismo como fuga da dor interior e exterior

A dor humana é o terreno duro e exigente em que se faz a aposta sobre o falar a respeito de Deus. – G. Gutiérrez

Só consegui me libertar, quando compreendi o que um fato, na adolescência havia provocado em mim. O primeiro passo foi encarar este fato.

Enfrentá-lo e assumi-lo foi muito importante para continuar a minha caminhada em busca da felicidade, da liberdade e porque não dizer da maturidade.

Às vezes, tenho a sensação de estar tornando-me chato e, até pessimista, pelo que escrevo, pois quase sempre falo do sofrimento, mas a verdade é que o sofrimento me faz pensar.

Mais fácil é buscar consolo no divino, dizendo: Jesus me ama, Jesus nos ama, isso é vontade de Deus. São expressões, muitas vezes, usadas para aliviar o sofrimento e até esquecê-lo. Não negar a dor e não fugir dela, mas reconhecê-la e tratá-la com seriedade e transparência é mais difícil, porém é uma atitude mais inteligente.

O espiritualismo é apenas uma das fugas que a pessoa encontra para evitar o confronto com seu próprio drama existencial, pois existem muitas outras, até mais prejudiciais.

O drama e o sofrimento são: pessoal e social. Pessoal são nossos traumas, complexos de culpa, inferioridades, feridas mal trabalhadas que nos machucam e, inconscientemente faz com que machuquemos os outros.

Uma mística desencarnada é aquela que não leva a uma transformação interior e exterior. É o mesmo que pôr panos quentes na ferida, alivia mas não cura, é um paliativo.

A libertação pessoal e a cura interior acontecem quando o amor, a fala, a vontade, a fé, e também a ciência se unem. Falar por falar, sem técnica psicológica para compreender o processo cognitivo, não liberta ninguém de trauma algum.

Nisso vemos a importância da ciência para a fé e, da fé para a ciência. Fé e razão caminham juntas.

O mesmo acontece em relação aos dramas e sofrimentos sociais. O espiritualismo também é uma forma de negar a dor humana provocada pela exclusão e injustiças sociais. É duro senti-la e reconhecê-la. A verdadeira mística é aquela que nos leva a olharmos para Deus e também para os irmãos que sofrem.

Fé pela fé também não promove libertação social, pois precisamos unir o amor, fala (denúncia), fé, com técnica (ciências). Compreender a realidade e ter ferramentas para trabalharmos com ela.

Aí estão dois eixos que se cruzam, o pessoal e o social. Sem libertação pessoal não teremos a social e, sem a libertação social, a pessoal não se completa.

Outros dois eixos que se relacionam: fé e razão. A igreja custou a entender a necessidade de dialogar com a modernidade, com as ciências e reconhecer a contribuição dada por elas para a libertação das dores do ser humano.

Você me pergunta: por que esta libertação não acontece? Por que a pobreza, a violência e a desigualdade aumentam?

- Talvez seja porque o eixo que move e perpassa todos os eixos do tecido social, o chamado capitalismo ou neoliberalismo, coloca o lucro acima de tudo. Então, os meios que deveriam promover libertação, contaminados pelo neoliberalismo, promovem sofrimento. Não se valoriza a ciência pelo que ela promove de libertação, mas pelo que promove de dinheiro, de riqueza. A riqueza de alguns provoca a dor de muitos.

O primeiro passo é estar consciente do poder destrutivo desse sistema e construir-se a partir de princípios que não sejam do consumismo e individualismo, mas a partir de valores humanitários e comunitários.

Natal

Em verdade vos digo: cada vez que o fizestes a um desses meus irmãos mais pequeninos, a mim o fizestes. – Mt 25,40

O Natal sempre mexe com os nossos sentimentos, nossa imaginação.

Caminhava à noite pela avenida principal de Umuarama e observava o Natal do consumo. Comércio aberto, pessoas realizando compras, outras apenas passeando. Encontrei um grupo de teatro, caminhando pela avenida, caracterizavam Maria, José e mais algumas pessoas. Talvez fossem os pastores. José trazia o Jesus menino no braços; era uma criança negra.

Natal, tempo de festa, de alegria, de encontro. A palavra encontro realmente expressa com maior clareza o que significa o Natal: encontro do divino com o humano e do humano com o divino. É o amor de Deus que transborda e cria tudo o que existe, e que não se esgota, e resgata sua criação.

Deus jamais nos abandona, mesmo que seja abandonado. Mesmo que não encontre um lugar decente para nascer. Mesmo que não seja compreendido. Mesmo que seja crucificado.

Sem o belo itinerário de Jesus, sem suas obras, seu desprendimento, a doação de vida na cruz e, principalmente sua ressurreição, não celebraríamos o seu nascimento. Celebramos o seu nascimento porque Ele foi fiel ao Pai até as últimas consequências, até a morte de cruz. Celebramos o Natal com muita alegria. Jesus morreu na cruz, num gesto de entrega, de fidelidade ao projeto do Pai. Celebramos o Natal porque Ele ressuscitou e a chama da esperança se acendeu.

Esperança, outra palavra que expressa o que é o Natal. Esperança concretizada: o Salvador nasceu, não o "salvador da Pátria", mas o Salvador da Humanidade. Nasce um novo mundo. Uma vida nova está nascendo.

Mas, Jesus nasceu, ou está nascendo? Nossa, mas que parto demorado este! Então, é a paciência de Deus.

Jesus nasceu e continua nascendo. Nasceu e continua presente em nosso meio, através do seu Espírito. Já não há separação entre céu e terra, entre divino e humano. O divino se fez humano, sem deixar Sua Essência e deu possibilidade ao humano de viver no divino, experimentando a harmonia, a justiça e a paz de Deus.

Neste Natal transporto-me a 2000 anos e imagino Maria prestes a dar à luz sem ter encontrado uma hospedaria. Volto para o presente e vejo tantas mães na mesma situação. Quantas pessoas passarão a noite de Natal sem ceia, comida, casa, cama, alegria, esperança, sem "Feliz Natal"?

Indignar-se não é suficiente. É preciso ver Jesus nos abandonados. Assim, faremos algo, não para promoção pessoal, mas para que Jesus possa nascer dignamente, pois Ele merece.

Caridade, outra palavra que nos ajuda a entender o mistério do divino que se fez humano. Caridade que vemos crescer em tantas formas de voluntariado. É Jesus nascendo. É Jesus crescendo. É Jesus doando-se. É Jesus ressuscitando. É Jesus fazendo-se Eucaristia.

Natal é encontrar-se com Deus para renovar a esperança e intensificar os gestos de caridade.

Vida

Eu vim para que todos tenham vida e a tenham em abundância. – Jo 10,10

Comecei a cuidar de mim, de meu corpo, de minha vida, porque sem corpo não existe vida, e sem vida não existe vida religiosa consagrada. Sem Maurício não existe frei Maurício.

A vocação mais sublime é o chamado à vida, à existência. Somos chamados a viver, a existir. Esta é nossa primeira vocação.

Jesus disse: "Eu vim para que todos tenham vida e a tenham em abundância". Isso mostra que o chamado à vida é o chamado principal. Todas as outras formas de chamados, que são formas de viver a vida, devem estar a serviço da vida. São vocações importantes, mas não em si mesmas. Têm valor enquanto promovem vida.

Viver é um milagre. Somente porque existimos deveríamos estar felizes e, a cada dia, agradecermos o dom da vida, pois é uma graça concedida dia-a-dia. Claro, é preciso reconciliarmos nos com a própria existência. Não tivemos escolha. Não escolhemos existir ou não existir. Também não escolhemos mãe, pai, cultura, sexo, cor dos cabelos, cor dos olhos, estatura, personalidade. Poucas foram as nossas escolhas e a escolha que podemos fazer e que é decisiva, consiste no que fazer com aquilo que somos.

Somente fazendo este processo poderemos viver a vida em profundidade, saboreá-la, senti-la, brincar com ela, vivê-la de forma lúdica, de forma festiva, sem perder a seriedade e a responsabilidade, mas também, sem torná-la um fardo pesado, impossível de ser carregado.

Partindo das teses: viver é nossa missão, o principal não está no fazer, mas no ser. Como estamos vivendo? O que estamos fazendo com a vida? Será que, a ameaça que a vida vem sofrendo, em forma de destruição da natureza, injustiças sociais, não seria porque ainda não descobrimos o valor da própria vida, ou de nós mesmos?

Quando descobrirmos o valor da existência, nossa qualidade de vida será melhor. Consequentemente nossas ações promoverão vida, defenderão a vida e não provocarão morte. Será um tempo em que não haverá guerras entre nações, separação entre culturas e classes sociais, dominação.

Isso é uma grande utopia. Mas, apenas grandes utopias preenchem o poço infinito que é o ser humano. Não nos satisfazemos com respostas finitas, mas com buscas infinitas.

Antes e Depois

As religiões são como um remédio, no que diz respeito à relevância de seu papel na cura do sofrimento humano. – Dalai Lama

Houve um tempo em que refleti muito sobre a importância de se participar de um seguimento religioso e consequentemente de ser membro ativo da Igreja.

Sentimo-nos felizes quando conseguimos ver o que não víamos, entender o que não entendíamos, sentir o que não sentíamos, ouvir o que não ouvíamos, chorar por coisas pelas quais não chorávamos, amar o que não amávamos, sorrir por motivos pelos quais não sorríamos.

Cada passo, cada degrau que avançamos em nosso processo de crescimento é uma experiência de êxtase, de transcendência, até porque, é um degrau a menos para alcançarmos o graal.

Mas, sobre o que disse acima: ver o que não víamos, entender o que não entendíamos, é que quero tecer uma reflexão.

Quantos preconceitos devem existir em nossas mentes, ou melhor, não só na mente, mas em nosso corpo, pois eles não estão apenas na mente. Idéias são imagens codificadas, e imagens se somatizam.

Não existe mente livre sem corpo livre e aberto para o diálogo. Livre para transitar por mundos novos. Um corpo que caminhe pelo globo, conhecendo-o sem constrangimento. Um corpo que toca o diferente, sente o diferente e, também, deixa-se tocar. Um corpo com identidade. É impossível existir mente sem corpo. Nosso corpo é a nossa casa, é onde moramos, é nosso instrumento e, por isso, não dá para desprezá-lo.

O preconceito específico sobre o qual quero falar, é o preconceito em relação às religiões. Quantas pessoas, por não conhecerem as religiões "por dentro", sejam quais forem, as rejeitam e as depreciam?

Inúmeros benefícios as religiões promovem na vida de muitas pessoas: a comunicação com Deus, a reconciliação, o encontro com o sentido de suas vidas, o desejo de lutar pela justiça.

No entanto existem aspectos negativos em relação às religiões, não podemos negá-los. Mas precisamos entender que também as religiões estão em construção, purificação e redenção. Elas são meios para a purificação, redenção e transformação das pessoas, mas também participam da ambigüidade histórica e, por isso, passam pelo mesmo processo de purificação.

Para chegarmos a essa consciência é preciso nos relacionar com as religiões, pois só amamos o que conhecemos. Aproximemo-nos particularmente de uma religião, pois conhecer várias e não decidir-se por nenhuma, não ajuda.

Neste processo acontecem frustrações, quedas de mitos, mudanças de paradigmas, purificações, dores, mas, com certeza, conseguiremos ver o que não víamos, entender o que não entendíamos.

As descobertas feitas e o crescimento adquirido serão nossos, e isso ninguém poderá roubar-nos. Serão nossas armas, nossas defesas para enfrentarmos o dia-a-dia. Serão nossas energias para vivermos como protagonistas da existência, não meros expectadores.

Por que fiz essa reflexão? Porque nós, seres humanos, somos um poço infinito. Somos um todo constituído de carne, ossos, emoções, mas, também, somos transcendentes, sempre queremos ir além. Não nos satisfazemos com nossas conquistas, sempre queremos mais. Somos livres, ou, ao menos, somos feitos para a liberdade, para voarmos como águia.

As religiões têm a função de ajudar-nos a desenvolver esse lado águia, místico, espiritual.

As partes que formam o todo que somos, estão conexas, portanto quando uma delas não funciona bem, todo o sistema fica comprometido. Por isso, precisamos cuidar bem de nosso corpo, de nossa saúde emocional e de nossa vida espiritual.

Parece-me que os aspectos mais considerados nos últimos tempos são o físico e o emocional. Basta ver a imensidade de academias, de clínicas psicológicas, livros de auto-ajuda, clínicas de estética. Todas estas coisas que estão para ajudar as pessoas são importantes, são úteis porque elas proporcionam mais qualidade de vida. Porém, também deve-se buscar algo que dê mais sentido à vida, o que pode ser através da meditação, da oração e do cuidado com a interioridade.

O verdadeiro sentido da vida está no profundo. É preciso ir além de nosso mundo emocional e de nosso bem estar físico e pessoal; precisamos transcender. Encontramos o sentido da vida voltando-nos à nossa origem, voltando-nos para Deus, encontrando-nos com Deus.

Nossa vida é um estágio

Não é a longevidade que importa, mas a qualidade da vida. – Martin Luther King

Durante uma celebração eucarística, comecei a pensar: estou aqui em Umuarama fazendo um estágio, mas... todos estamos fazendo um estágio.

Nas faculdades e universidades, é muito necessário que os alunos passem por estágios, que são períodos de aprendizagem prática, momento de constatar na realidade o que se aprende em sala de aula, oportunidade para executar o conteúdo estudado e, assim, assimilá-lo melhor.

Conhecemos os médicos residentes, os hospitais universitários, atendimentos grátis à população pelos estudantes de Odontologia, aulas práticas dos estudantes de Magistério. Algumas áreas requerem uma maior praticidade; outras, uma praticidade menor, mas todas se relacionam com o prática, com a história e seu movimento. No que se refere a Teologia não poderia ser diferente. Ela também nasce da história, na história e é para a história. A própria Bíblia, fonte sublime da Teologia, nasceu na história. É o movimento histórico lido e relido com os olhos da fé e nele constatado o agir de Deus, a presença de Deus, pois Deus se revela na história.

A Teologia da Libertação nos diz: não há duas histórias, uma sagrada e outra profana. Há uma só história; nela é que Deus se revela. Segundo esta teologia, Deus se revela nos movimentos de libertação, neles encontramo-nos com Deus e neles vemos o agir de Deus. Esta teologia tem como ponto de partida o agir de Deus, não o seu ser. Claro que, a partir de seu agir, conhecemos quem Ele é. É o Deus libertador do povo de Israel, amoroso justo e misericordioso.

Mas, voltando ao nosso raciocínio, onde eu falava sobre diversas formas de estágios, faço uma pergunta: O que estamos fazendo aqui neste mundo?

- Um estágio. Estamos aprendendo a viver no céu. Isso quer dizer que, à medida que vamos aprendendo a viver no céu, também o construímos já, aqui, e o vivenciamos, também aqui. Não em plenitude, mas em parte. É a famosa expressão teológica: “já e ainda não”. O céu não é uma realidade a ser vivida somente após a morte. Deve ser construído e vivido já, aqui, neste mundo.

Assim, fica claro que a fé é um dom extremamente importante na vida e está fundamentalmente ligada à ela. Ajuda-nos a viver melhor, a nos conhecermos e sermos livres e felizes. A fé não é um fardo pesado. É gratuidade, leveza, harmonia, paz, justiça, beleza, contemplação e ação. Sem fé nem justiça não há paz, harmonia, beleza e leveza.

Pessoas que amam o que fazem

Feliz de quem tem uma profissão que coincide com sua vocação. - George Bernard Shaw

Algo me fez lembrar de uma pessoa simples, querida, amável. Essa pessoa me fez lembrar de muitas outras.

Nosso mundo é sustentado por pessoas santas, místicas, profundas, sensíveis, serenas, equilibradas e capazes de observação. Ser santo é ser profundamente humano.

Nesta linha de pensamento, pode-se dizer que os santos são pessoas que vivem o cotidiano, a rotina com alegria e entusiasmo. Não precisam realizar grandes mudanças a todo instante para serem felizes. Gostam do que fazem e dão a vida naquilo que fazem. Realizam suas missões, suas funções com amor e, por isso, são felizes.

E é isso mesmo, as pessoas são felizes quando amam a si mesmas e o que fazem. Acredito que, quando realizamos algo com amor, nossa identidade estará presente na obra realizada e, também a própria identidade vai se transformando pelo que fazemos. Não importa o que você faça, isso só o fará feliz, se o fizer com amor.

Por que existem pessoas exercendo as mesmas profissões e vocações e umas são felizes e realizadas, e outras, não? Por que algumas dão a vida naquilo que fazem, e outras, não?

- Acredito que algumas pessoas estejam na profissão ou na vocação errada. O que ajuda a pessoa dar a vida naquilo que ela faz é ter uma forte espiritualidade.

Há funcionárias domésticas profundamente realizadas, outras, não. Há Padres felizes, outros, não. Professores satisfeitos, outros, não. E, assim, poderíamos relatar muitas profissões, seguindo o mesmo raciocínio.

O diferencial das pessoas é que muitas delas estão com Deus. Onde há amor, Deus está presente. Outro aspecto que as diferenciam é a gratuidade. Desenvolvem suas funções por amor e com amor; o amor é gratuito. Gratuidade é uma das definições mais próximas do ser de Deus. Deus é gratuidade, Deus é amor.

Na primeira carta de São João, capitulo 4, versículo 8, lemos: "Quem não ama não conhece a Deus, porque Deus é amor". Deus é conhecido através de livros, da vida, das pequenas coisas, num sorriso sincero e gratuito, num abraço amigo, em todas as atitudes que revelam um amor, sejam elas grandiosas ou pequenas.

É preciso fazer o que se ama: amar ser professor, amar ser médico, amar ser Padre. Mais do que trabalhar como médico, ou como Padre, é preciso doar sua vida nesse trabalho que abraçou.

Deixar Deus nos amar

Quando pensamos que ninguém nos vê, somos nós que não nos vemos. - Wilson Chagas

O primeiro passo não é amar a Deus, mas deixar-se amar por Ele.

Deus nos ama loucamente, apaixonadamente, mas não nos damos o prazer e a graça de experimentar esse amor. Deus nos procura e não nos encontra, porque fugimos, fechamos a porta, evitando o encontro. Por quê? Talvez porque a casa esteja desarrumada, com sujeiras debaixo de tapetes, louças sujas na pia, fogão precisando de limpeza, crianças pedindo banho, roupas pelo chão, meias em cima da pia do banheiro, tevê ligada no volume máximo.

Ele verá nossos defeitos, nossas fragilidades. Talvez nem saibamos quais sejam, e temos medo do que poderemos encontrar. O que fazer? Devemos nos conhecer. Conhecendo-nos, o que nos dava medo, torna-se simples.

Se conhecermos nossos limites, nossas fragilidades, não teremos medo de Deus. Então, não fecharemos a porta para Ele. Mas, estávamos fechando a porta para Deus ou para nós mesmos? Creio que estávamos fechando a porta para nós mesmos antes de fechar para Deus. Sendo assim, conhecer a Deus, deixar-nos amar por Ele é o mesmo que conhecer e amar a si mesmo.

Sentindo-nos distantes de Deus é sentir-nos distantes de nós mesmos. Deus nunca nos abandona, nós é que nos abandonamos.

Quando entrarmos em nossa casa, nossa interioridade, deixaremos a porta aberta também para o próximo. Permitiremos que nos visitem, nos conheçam, nos admirem e nos amem. Poderão ver nossas fragilidades; talvez, ainda haja algumas coisas fora de seus lugares, mas com certeza, não encontrarão a casa totalmente desarrumada, pois já nos conhecemos um pouco, já nos amamos, e nos cuidamos.

Este lançar e abrir o coração para abrigar a presença de Deus, dos irmãos e de nós mesmos, confronta-se com nosso orgulho e auto-suficiência. É preciso humildade para que isso ocorra, e aconteça também a libertação, realização e felicidade.

Pequenas coisas

Através das pequenas realizações, vai-se criando confiança e se realizam as grandes. - Galache

Conversando com uma amiga pela internet, disse lhe: o segredo da vida está também nas pequenas coisas. Minha amiga pediu-me para que escrevesse sobre o tema.

A beleza da vida está, também, nas pequenas coisas. Seu segredo e seu mistério, também. Buscamos muitas coisas nesta vida. Trabalhamos, estudamos, damos um duro danado. Isso é importante e necessário, mas, se não soubermos valorizar também as pequenas coisas e vivenciá-las de corpo, mente e coração, o restante, como trabalho e estudo, tornam-se um tanto sem sentido, perdem um pouco da graça e a razão de ser.

As pequenas coisas também nos ajudam a nos abastecermos para tocar a vida e continuarmos a caminhada.

Perder o sentido da vida é perder o contato consigo e com as coisas. Mas, que coisas são essas?

- São os momentos considerados por muitas pessoas como perdas de tempo, tais como visitar um amigo, preparar um almoço, um churrasco, parar na rua para conversar com uma pessoa querida, praticar um esporte, realizar um trabalho voluntário, brincar com uma criança, com os filhos, sobrinhos, netos, contemplar o pôr do sol. Estas são pequenas coisas que nos trazem grande satisfação.

Outra coisa que pode nos trazer gratificação é doarmos um pouquinho do nosso tempo a uma pessoa querida, para amá-la e estar com ela. Sair para passear, almoçar. Não conversar sobre trabalho, negócios. Falar apenas o que interessa a essa pessoa, como a história de sua vida, ou algo que ela queira partilhar.

Esses momentos são únicos, talvez sejam poucos, mas fazem a diferença, pois nos transformam e transformam o nosso coração.

Viver o presente

Lembre-se que a vida não é o passado e nem o futuro. A vida é hoje. -

Lauro Trevisan

Disse para a minha psicóloga – concluindo um raciocínio – hoje a salvação entrou nesta casa. E ela me respondeu: escreva sobre isto.

Hoje a Salvação entrou nesta casa...o tempo se cumpriu...não fiquem olhando para o céu...o Reino está presente entre vocês, disse Jesus.

Todas estas afirmações mostram que Deus está em nosso meio e podemos conhecê-lo agora mesmo, neste instante.

A Graça é agora, a vida é agora, a felicidade é agora e a salvação também. Chega de esperar para amanhã, para daqui a pouco ou para depois da morte. Não há o que esperar. Há sim o que buscar e encontrar. Esta busca e este encontro ocorrem no momento presente, não num futuro que nunca chega.

Precisamos fazer algo agora, viver agora, sermos felizes neste exato momento. Curtir a vida, senti-la, saboreá-la hoje; amanhã, não saberemos o que será.

Enquanto esperamos algo espetacular que nunca acontece, perdemos a possibilidade de nos deliciarmos com pequenas coisas que construiriam as grandes. Desperdiçando as pequenas, nunca chegaremos às grandes e não nos saciaremos.

Na verdade, o que queremos é tomar uma jarra de água em apenas um gole. Nos frustramos porque nos parece ser impossível; e realmente é. A única solução é tomá-la aos poucos, aos goles, saboreando cada um deles, dia-a-dia, e nos saciando, até porque sempre teremos sede. Às vezes, pensamos poder saciar esta sede para sempre, mas isso é uma ilusão, ela precisa ser saciada todos os dias. Portanto, mesmo que conseguisse tomar uma jarra de água em um só gole, voltaria a ter sede.

Isto mostra que somos dinâmicos e que se vivenciarmos o presente, buscando, em cada momento, saciarmos a sede, será melhor que nos iludirmos esperando algo espetacular para não ter mais sede.

A busca por Deus é uma busca contínua. Assim como a água que tomamos ontem não sacia a sede de hoje, também não podemos buscar Deus um dia somente. A sede de hoje dever ser saciada hoje, porque amanhã teremos outra.

Conhecimento

A verdade é cruel, mas pode ser amada; e faz livres aqueles que a amam. – George Santayana

Conhecer-se e ser responsável por si mesmo, é um caminho que nos conduz a um lugar seguro, de paz e felicidade.

Muitas vezes somos superficiais em nossas relações, tanto conosco mesmos, como com os outros e também com Deus. Diz a Antropologia Teológica que o ser humano é um nó de relações. Relaciona-se com ele mesmo, com os outros, com o cosmo e também com Deus.

Só encontramos harmonia em nossa vida quando todas estas relações vão bem. Todas as relações passam por um mesmo nó, portanto, quando uma delas não está bem, todas as outras se desarmonizam.

Qual a causa dos problemas nas relações?

- Acredito que uma delas seja a superficialidade com que nos relacionamos com nós mesmos, com os outros e também com Deus.

Nós nos conhecemos? Saberíamos contar nossa história de vida, com suas melhores e piores passagens, ou melhor, conseguiríamos, ou ainda, gostaríamos de fazê-lo, ou preferimos enterrar o passado, as dores, as mágoas e com elas as alegrias e conquistas? Quem conhece a história de vida de seus pais, dos filhos, avós e amigos? Você já parou para ouvir a história de vida de uma pessoa?

Nossas relações interpessoais são muito superficiais. Conhecemo-nos pouco e menos ainda as pessoas que nos são próximas.

Faço mais uma afirmação: Se não nos conhecemos muito bem, quão mais superficial deve ser nosso conhecimento de Deus, nossa experiência de Deus.

Por isso, muitas vezes ficamos por aí a "borboletear", sem saber quem somos, para onde vamos. Assim, vivemos de achismos, de ilusões, imaginações. Vivemos alienados e não saboreamos a vida. Sofremos, nos angustiamos, ficamos ansiosos, depressivos, mergulhados, muitas vezes, num grande vazio existencial.

A saída de tudo isso é muito simples. Tirar o véu que nos impede de ver a verdade. Chega de ilusões, imaginações, e alienações. Vamos ver, vamos sentir e, se a verdade doer, vamos sofrer juntos, para juntos nos libertarmos. Nossos amigos nos ajudam; se não tivermos amigos vamos encontrar vários, pois Deus não nos abandona.

Mas, não nos esqueçamos, o primeiro passo depende de nós, a decisão é nossa.

A teia das relações

O homem não está só; está ligado a todos os outros homens e deve livremente unir-se a eles pelo amor. – Michel Quoist

Preparando uma reflexão para Sexta-feira Santa, me inspirei e nasceu este texto.

Foi pensando nos gestos de Verônica enxugando o rosto de Jesus, e de Cireneu ajudando-o a carregar a cruz, que percebi que o mesmo acontece conosco. Quem não teve o rosto enxugado por Verônica? Quem não recebeu ajuda para carregar a cruz?

Eu lhe pergunto: se Jesus, o Filho de Deus, aceitou ser amado, precisou de ajuda, será que nós também não precisamos de ajuda?

- Com certeza precisamos de ajuda. Sempre uns precisam de outros.

Nestas atitudes, percebemos que Ele realmente foi muito humano e, tão humano assim, só podia ser Deus, como diz o teólogo Leonardo Boff.

Nossas vidas, nossas ações, por mais pequeninas que sejam não estão desconectadas das grandes causas da humanidade. É impossível colocar-nos à parte renunciando ao poder que temos de influenciar o mundo. Um simples abraço sincero é um tijolinho na construção de nossa felicidade. Uma palavra amiga de incentivo pode ser um passo para uma grande vitória.

Devemos estar atentos às consequências dos nossos atos. O que fizermos de positivo, com certeza, nos trará gratificações. Quanto aos atos negativos, podem nos trazer preocupações, prejuízos, sofrimentos e por isso devemos estar sempre vigilantes para evitá-los.

Ninguém vive sozinho, fomos feitos para viver em sociedade, para nos relacionarmos, nos amarmos. Em comunidade vamos nos construindo, construindo nosso mundo, nossa cidade, nossa família, nossa pessoa.

Somente após a morte, na presença de Deus que é Luz, veremos claramente nossas influências no mundo, na vida das pessoas, tanto as positivas, como as negativas. Pode ser que descubramos que poderíamos ter sido melhores em vida aqui na terra. Mas, também, descobriremos que praticamos muitas boas ações.

O mais importante é descobrirmos que mesmo não sendo perfeitos, Deus nos ama muito.

Descer para subir

Foi atravessando os rigores do inverno que o tempo chegou à primavera. - Zálkind Piatigósky

Desci, sofri, chorei, mas aprendi muitas coisas. Amadureci, me coloquei a caminho. Aprendi que a vida é construída passo a passo.

Aprendi a ver a vida com outros olhos. Vi que é possível ser feliz, que é possível superar a dor e transformá-la em amor. Fazer dos sofrimentos degraus para a realização.

Ir ao fundo do poço pode ser a oportunidade de se adquirir a força necessária para romper os bloqueios como faz a semente brotando na terra, ou furar o casulo como uma borboleta, quebrar a casca do ovo como um pintainho.

Ir ao fundo do poço não é o fim, porque podemos vislumbrar uma luz, por pequenina que seja, e agarrarmos a ela para que nos ajude a fazer o caminho de volta.

Não descemos sozinhos; também não podemos responsabilizar os outros pelas nossas quedas, pois, mesmo que tenham ajudado a nos afundar, talvez seja porque permitimos.

Como podemos sair desta situação?

- Muito difícil sairmos sozinhos, não que seja impossível. É preciso que haja muita força de vontade, ajuda de profissionais específicos, um bom diretor espiritual, ajuda da família, de amigos verdadeiros, boas leituras, meditações e outros.

Iniciar a subida lentamente, fortalecendo-nos aos poucos, irmos adquirindo energia, força, para quando chegarmos a superfície estarmos preparados para desabrochar, voar, nascer novamente.

Nascer não mais apenas para nós mesmos. Nascer para os outros, nascer para o mundo, nascer para Deus, para ser de Deus, para ser com os outros, para ser feliz.

Metáfora da águia

"Assim como a águia provoca seus filhotes a alçarem o voo e acima deles revoluteia, assim também (Deus) estendeu as suas asas e acolheu (Israel) e carregou-o nos seus ombros" (Dt 32,11).

Escrevi este texto durante um tempo de retiro. Estava em Joinvile em nossa casa de formação do noviciado. Preparava-me para a profissão definitiva mediante o segundo noviciado. O segundo noviciado foram trinta dias de retiro, onde tivemos muito tempo para o silêncio, refletimos sobre os valores cristãos e franciscanos e, principalmente, fizemos uma revisão de vida. Fez parte deste tempo de retiro a convivência fraterna, essência do carisma franciscano, a oração e o trabalho. E como trabalhamos! Naquele calor de Joinville, às 14h lá estávamos nós, com frei Daniel, capinando, adubando bananeiras, arrancando na picareta, troncos de palmeiras reais. Durante este retiro pude fazer uma ótima avaliação da caminhada, principalmente do estágio realizado em Umuarama. Preparei-me para retomar os estudos teológicos e intensificar a minha formação franciscana.

Nós, seres humanos, num ponto, podemos nos comparar a uma águia, pois nascemos para alçar voos, evoluir. Poderíamos dizer também que, nascemos para desabrochar. Rubens Alves faz uma comparação bem interessante do ser humano com o milho pipoca, que era um milho mirrado, que não tinha nenhuma utilidade, até que, alguém teve a iniciativa de colocá-lo para cozer. A primeira tentativa foi com água, nada aconteceu. A segunda foi o óleo; então, surpresa! Aquele milho mirrado transformou-se, pelo calor do fogo no óleo, numa bela e saborosa flor branca. Segundo Rubens Alves, resumindo seu pensamento, somos assim: as crises, as dores, dificuldades, são o fogo no óleo que nos fazem crescer, amadurecer como pessoa. Eu diria, nos ajuda a voar.

Voar, aprendemos voando. Primeiramente precisamos desejar, depois decidir e enfrentar o medo. O aprendizado exige repetição. Nas primeiras tentativas pode ser que trombemos em árvores, aterrissemos de mau jeito e nos machuquemos. É até normal, pois estamos aprendendo e não sabemos, ainda, lidar com total domínio, com nós mesmos, até porque, ainda não conhecemos bem as nossas capacidades e nossos limites e, também, não sabemos lidar direito com aquilo que está a nossa volta, pois também é novo para nós.

Mas, como diz Padre Zezinho em sua música "Águia pequena", "é preciso olhar os pais como eles voam, e aperfeiçoar." Eu diria que é possível, que precisamos ir além dos pais. Não podemos ser meros repetidores. Temos potenciais próprios que nos permitem inovar e conhecer outros mundos.

Bom é termos alguém que voe junto, ao nosso lado, que nos transmita paz, segurança, confiança, para partilharmos nossas descobertas, alegrias e tristezas.

Como a aprendizagem é contínua, é bom estarmos sempre atentos à reflexão. Subir à montanha revendo os voos e avaliando-os. Perguntar-nos: Como estamos? Porque estamos voando? Quais nossas motivações? E, principalmente, para onde estamos voando?

São respostas não muito simples, pois voar é bom; muitas coisas nos atraem e nos satisfazem. Mas nem todas são necessárias, nem todas nos conduzem ao destino que tínhamo-nos proposto.

Quando olhamos todos os vôos confrontando-os com o projeto inicial, sentimo-nos mais seguros, pois percebemos que estamos mais conscientes e mais resistentes. E, mais felizes, pois apropriamo-nos de nossa história e, principalmente, deslumbramos o futuro. É também, um momento de reabastecimento para continuarmos voando, sabendo aonde queremos chegar e qual caminho trilhar.

Argila, Artista e Pessoa

"Eis que, como a argila nas mãos do oleiro, assim sereis vós nas minhas mãos, ó casa de Israel" (Jr 18,6).

Este texto de Jeremias sempre me chamou à atenção. Foi um texto que me incentivou quando iniciei o postulantado em Almirante Tamandaré – Butiatuba. E foi assim motivado que iniciei a nova etapa. Voltar para a sala de aula não foi fácil, mas adaptei-me.

Querido leitor/a você já parou para pensar em sua individualidade? Que nunca existiu e não existirá outra pessoa igual a você? Já percebeu que você é uma obra de arte em construção? Que você guarda um belo tesouro no mais profundo de si mesmo?

Penso que aqui está uma reflexão apropriada a cada um de nós. Ela nos ajudará a encontrar um sentido para olharmos para nós mesmos com mais amor, carinho, cuidado, sem cair num narcisismo, é claro.

É como olhar para si, distante de si, como um observador que olha um escultor trabalhando com a argila. O escultor quer fazer da argila a mais bela obra de sua vida. Com certeza será única e irrepetível.

Esta imagem me faz pensar no autor da existência moldando-nos, transformando-nos em obras preciosas.

Mas, numa comparação mais simples do ser humano com o barro, podemos dizer que, moldar o barro pode ser difícil; imagine então o ser humano! Por quê?

- Porque o barro não pensa, é uma matéria, não tem vontade própria, não é livre; nós somos seres pensantes e, muitas vezes impedimos o Grande Artista de realizar seu trabalho.

No trabalho com o barro, o oleiro é o protagonista. Para construir a pessoa o artista –Deus- depende da vontade da mesma, pois Ele respeita a liberdade que deu a ela.

Esta reflexão me faz pensar na grandeza do amor de Deus. Ele realmente nos ama muito. Somente tamanho amor para compreender nossas ingratidões, auto-suficiências rebeldias e ainda continuar nos amando.

Cabe-nos aceitar as mudanças que o artista deseja fazer em nós; esta é a nossa parte no processo. Para que isso aconteça precisamos acreditar e confiar. Permitir que Deus atue em nosso ser direcionando a nossa vida.

Somos proibidos de amar o diferente?

"Deus está em Cristo e Cristo está na Igreja. Cristo, porém, transborda a Igreja." Dom Romero.

Durante uma aula sobre diálogo inter-religioso para um grupo de seminaristas, o professor partilhou que em outra aula sobre o mesmo assunto, com candidatos ao diaconato permanente, houve um grande entusiasmo, conversão dos participantes, quando mencionou, fundamentado na declaração da Igreja "Nostra Aetate", a necessidade de amarmos o diferente. Mais precisamente, a necessidade de amarmos os Muçulmanos, os Judeus, etc. Segundo a declaração devemos amá-los porque são nossos irmãos, somos filhos de um mesmo Pai. Temos uma mesma origem e um mesmo destino.

Esta reação de entusiasmo, de alegria e até de conversão de um grupo de candidatos ao diaconato permanente, diante do fato da conscientização da necessidade de amar o diferente, como os Mulçumanos e assim por diante, despertou nos estudantes alguns questionamentos. Esta alegria e conversão não seria uma libertação? Não seria uma descoberta, uma resposta às intuições mais profundas? Será que temos o desejo de amar o diferente, mas achamos que somos proibidos de fazê-lo? Onde estaria a causa desta dúvida? Será que sentimo-nos proibidos de amar o diferente porque seria uma traição à instituição, à religião professada?

Aprendemos que ter fé é acreditar nos mandamentos, naquilo que a Igreja ensina; porém, não aprendemos a vivenciar os mandamentos, não aprendemos a amar.

Pensamos que a Igreja pede que nos distanciemos do diferente por medo de nos perder, que amar o diferente seria contrariar as orientações da Igreja. Então, quando nos conscientizamos que as orientações da Igreja são outras, que ela orienta a respeitar e a amar, deixamos de nos sentir culpados e perdemos o medo de fazer algo contrário à orientação da sua "mãe" – a Igreja. E sentimo-nos felizes, livres.

Isso não seria fruto de uma pedagogia desenvolvida durante muito tempo, de fechamento, de proselitismo, de competição por parte da Igreja católica em relação às outras religiões?

- Podemos dizer que sim; mas os tempos são outros e as orientações da Igreja também são outras; não podemos justificar nossos erros por conta de erros que outros cometeram no passado.

Precisamos mudar esta compreensão e ver que o diferente não representa um perigo, uma ameaça. É na relação com o diferente que também construímos a nossa identidade. É na relação com o diferente que temos a possibilidade de sair de nosso egocentrismo, e termos consciência de que, para Deus, somos todos iguais.

O Jardim

"Acho impossível que um indivíduo contemplando o céu possa dizer que não existe um Criador. " Abraham Lincoln

Gostei tanto de uma das aulas de Teologia em que o assunto era Escatologia que, após a mesma, escrevi este texto.

A vida é um caminho feito com muita luta e batalha. Cada pedra retirada exige coragem, vontade, disponibilidade e crença. Ao removermos as pedras para fazer o caminho, sentimo-nos satisfeitos e realizados. Durante a caminhada devemos parar por alguns instantes para contemplar e agradecer o que foi percorrido e realizado. Certificar-nos, também, onde queremos chegar e refazer-nos para continuarmos.

Nesta caminhada maravilhosa, também nos deparamos com empecilhos que nos deixam cansados. São as pedras enormes a serem retiradas para abrir o caminho, árvores com raízes muito profundas a serem removidas. Mas, sempre há uma boa e bela sombra à beira do caminho para um merecido descanso. Há também leões nos induzindo a construir os seus caminhos e não os nossos. Querem que acreditemos que os seus caminhos são mais importantes e seguros. Ilusão, pois seus caminhos não têm rumo, não têm chegada, só têm meio que são seus próprios interesses para o tempo presente.

Dessa forma concluiremos a construção. Então, é só olhar para trás e contemplar o caminho que nos conduziu ao belo jardim onde estamos. Esse belo jardim já estará pronto nos esperando desde sempre, não precisamos construí-lo.

Talvez não consigamos concluir o caminho, mas há problema, chegaremos ao jardim pela gratuidade Daquele que o construiu para nós.

O Reino de Deus

"Há dentro de nós uma chama sagrada coberta pelas cinzas do consumismo, da busca de bens materiais, de uma vida distraída das coisas essenciais. É preciso remover tais cinzas e despertar a chama sagrada" Leonardo Boff.

As boas aulas de Teologia e o contato com a realidade e o sofrimento de tanta gente me faziam pensar.

Não é tão simples ter fé, esperança, e praticar a caridade nos tempos atuais, fundamentando-nos numa fé de que o Reino de Deus começa aqui. Vejamos o que o mundo mais precisa: que nós cristãos sejamos luzes num mundo que está em trevas, que sejamos "fermento na massa", os transformadores do mundo pela caridade.

O que dizer das pessoas que vivem esses valores, mas não pertencem a uma instituição religiosa?

- É preciso acolher essas pessoas, pois elas, também são, uma revelação de Deus. O Espírito Santo também age nessas pessoas. Mesmo não pertencendo a uma religião também são pessoas de Deus.

Precisamos de humildade, reconhecer o bem no outro, respeitar o diferente, respeitar a liberdade de Deus. Não possuímos toda a verdade, não somos donos da verdade nem donos do mundo, muito menos da história.

Na verdade falta-nos uma fé integrada à vida. Nos momentos difíceis da história a tendência é apoiar-nos numa fé desligada da vida, que vê o Reino de Deus somente para depois da morte.

Muitas vezes não queremos enfrentar o deserto, fugimos dele, das dificuldades alimentando uma esperança somente do "ainda não"; pensamos: depois tudo será diferente... vamos esperar sentados olhando para o céu.

Não é assim tão fácil acreditarmos num mundo de justiça, de fraternidade, de inclusão, onde todos poderemos nos sentar à mesma mesa, frente a um sistema dominador, excludente, que a cada dia se impõe a nós com mais ferocidade. Devemos acreditar que fé é isso mesmo, acreditar sempre, fazer caminho onde não caminho feito.

A nossa missão como cristãos é de nos colocarmos em caminhada. Pode ser que não vejamos todos os nossos sonhos concretizados, mas nem por isso vamos deixar de, no mínimo, tentar para que os nossos sonhos se realizem.

Opção

"O que nós somos é o presente de Deus a nós. O que nós nos tornamos é nosso presente a Deus." (Eleanor Powell)

Nunca estamos prontos, sempre há o que aprender, não podemos parar em nossa caminhada rumo à maturidade; e é fazendo opções que evoluímos. Nas pequenas opções demonstramos quem somos.

Na vida somos obrigados a fazer escolhas. Em cada escolha que fazemos, podemos perder algo. Isto porque não podemos abraçar tudo e carregar conosco. Muitas vezes precisamos deixar algumas coisas pelo caminho; talvez, lá adiante estejamos com aquilo que havíamos deixado.

Muitas vezes olhamos apenas para aquilo que estamos ganhando e não para o que estamos perdendo, não queremos tomar consciência do todo que envolve tais situações. Num primeiro momento, o que nos motiva a fazer opções são as vantagens que teremos. Algumas opções são complicadas porque temos que decidir entre duas coisas boas e agradáveis; aí o sentimento de perda é ainda maior. O que fazer?

- Ter consciência disso. Não há o que fazer, apenas saber.

Optar é próprio dos seres sábios, dotados de inteligência. Porém, as opções interferem em nossos sentimentos. Quem permanecer fixado em uma carência afetiva, em uma dependência terá muita dificuldade de optar por algo e deixar alguma coisa.

A opção consciente pode doer. Muitas vezes nos enganamos, adiando a opção para o depois. Na verdade não nos desapegamos, apenas adiamos a tomada de posse do bem que desejamos. No inconsciente acontece mais ou menos o seguinte: "não vou ter isso agora porque não seria conveniente, mas, talvez, um dia ainda terei." Isso nos leva a crer que tais pessoas alimentam uma esperança. Ficamos amarrados as nossas necessidades. Acho que isso prejudica o nosso crescimento, nossa confiança na graça de Deus, na providência de Deus.

Viver é Nascer

"A busca de Deus é a busca da alegria. O encontro com Deus é a própria alegria." Santo Agostinho

Regularmente éramos chamados para fazer exéquias na capela mortuária. Nestes momentos eu me questionava: como as pessoas devem preparar-se para a morte?

Nascer é uma constante em nossa vida. Estamos nascendo sempre, todos os dias. A cada dia vivemos um novo nascimento. O mesmo dizemos da morte: morremos todos os dias. Morremos para uma situação e nascemos para outra.

Vivemos neste ciclo de morte e de vida. Para viver é preciso morrer. Quem não morre para algo, não nasce para o novo.

Morrer para uma determinada situação é se desligar do passado, para viver o presente e construir o futuro.

Para evoluirmos, amadurecermos, esta frustração é necessária. Sentir a perda; perder algo para ganhar e crescer.

Por um lado existe o sentimento de satisfação pelo que se alcançamos; por outro, a dor da perda pelo que deixamos. Mas, se dermos tal passo e sentirmos tal dor é porque estávamos amadurecidos o suficiente para tê-lo efetuado, e consequentemente a suportamos e a elaboramos com facilidade. Parece-nos que o efetuamos porque, de início, só vemos o ganho, a conquista e não a perda. Pouco depois é que percebemos o que perdemos, o que deixamos; mas não há como voltarmos. Então, a solução é abraçar o novo, pois o velho não volta mais, e fazer caminho.

Aqui, também, abordaremos rapidamente sobre a morte biológica. A mudança será radical. Como nos adaptaremos? Como nos sentiremos? Como estamos nos preparando para esse momento?

- Sabemos que a morte não é o fim da caminhada, mas o começo para uma vida em Deus. A morte é uma ótima pedagoga, nos ensina a viver melhor.

Fazer a experiência de deixarmos o conhecido para assumirmos o desconhecido, desde já, para irmos crescendo e amadurecendo; é uma boa preparação. Nas pequenas renúncias e nos pequenos desafios assumidos, vamos nos conhecendo, perdendo o medo do encontro com nós mesmos e com Deus, que plenificar-se-ão na vida para além da morte.

Abrir-se para o Amor

"A medida do amor é amar sem medida." Santo Agostinho

O amor é um aprendizado, não nascemos sabendo amar. Muitas vezes nos enganamos pensando que estamos amando, mas estamos fechados em nosso egoísmo só buscando sermos amados.

O amor tem força necessária para transformar o mundo. O amor pode transformar-nos, devolver-nos a alegria, a vontade de viver, o entusiasmo. Isso se nos abrirmos para ele. Pois, como ouvimos de muitas pessoas: nosso coração tem uma porta com fechadura apenas pelo lado de dentro. Então, esta porta não pode ser aberta de fora para dentro, mas apenas de dentro para fora.

Às vezes ficamos com medo de abrir esta porta e não sermos amados. Isso realmente pode acontecer, mas não é por isso que não devemos tentar. A questão é mais ou menos assim: somos carentes, não nos amamos, julgamos que ninguém nos ama, que não merecemos o amor.

Se nós nos amássemos, não sentiríamos tanto medo de sermos rejeitados. Claro, não podemos nos fechar, e também não podemos esperar que nos amem primeiro para só depois nos amarmos.

Não basta abrirmos a porta, precisamos sair e convidar outras pessoas para entrarem neste espaço. Fazemos isto através do amor. As pessoas que amamos estão no nosso coração.

O amor é possível porque a fonte, o amor por excelência, amor que nos tira do egocentrismo, está em nós: o Espírito Santo. O amor nasce em nós, mas não de nós, nasce do Espírito Santo que vive em nós. E, como dizia Santo Agostinho: "Deus nos criou sem nós, mas não nos salva sem nós." Portanto, o amor não é nosso, é um dom de Deus, pois Deus é amor, que não se impõe a nós, mas se propõe; cabe a nós aceitarmos.

Aceitar o amor é aceitar a presença de Deus em nós. É reconhecer que há Alguém, que é maior do que nós, em nós, e devemos obedecê-lo.

A princípio parece que vamos perder a liberdade, quando na verdade é o encontro com a verdadeira liberdade.

Deus só será maior que nós, em nós, e governará nossas vidas quando deixarmos, Ele atuar em nós. Assim, não estaremos perdendo a liberdade, mas exercendo a liberdade, agindo com liberdade, fazendo experiência de liberdade.

Conclusão

Vou encontrando meu caminho. Tenho conseguido construí-lo. Muitas coisas que me amarravam foram rompidas, outras ainda, não. É um processo. Descobrirei coisas novas, passarei por novas crises. O importante é que sejam superadas. Não posso ficar circulando os mesmos problemas. Sempre terei desafios. Eles me ensinam a viver, a buscar soluções, a crescer. Não são o fim do caminho, apenas algumas pedras a serem removidas.

Para continuar construindo o meu caminho é importante que eu tenha humildade, que eu reconheça a necessidade de solicitar ajuda. Um segundo ponto é ter um objetivo claro, ter um projeto de vida. Terceiro, não desanimar com as prováveis quedas, mas aprender com elas.

Para chegar até aqui, ou melhor, para sair da crise por que passei, contei com a ajuda de muitas pessoas, dentre elas, a ajuda terapêutica. Foi com essa ajuda que me conheci melhor. Compreendi o que me levou às dificuldades; então, tenho ferramentas para continuar aprendendo com a vida.

Neste processo, feito de dentro para fora, ou seja, do interior para o exterior, encontrei a felicidade. Eu penso que é possível ser feliz mesmo num mundo com tantas dores provocadas pelas injustiças sociais e por problemas emocionais. Com alegria, quero partilhar com vocês uma oração que foi uma síntese muito pessoal de todo o processo:

Oração

Tu entraste em minha vida de um jeito muito louco. Derrubando-me, machucando, destruindo.

Foi uma luta desigual, mas tudo para eu aprender a dizer: Tu és meu Senhor.

Roubaste-me a saúde para buscar em ti o remédio.

Deixaste-me sem força para ver que só tu és o forte.

Deixaste-me sem alegria para dar-me a verdadeira.

Escondeste minhas motivações para purificá-las.

Tiraste a vontade de viver e me deste a vida.

Tiraste as certezas, mas me deste a fé.

Tiraste o sentido da vida e deste o sentido da morte.

Tiraste tudo que tinha e me deste de Ti mesmo. Tudo para reconhecer que realmente és Deus, que és Pai e que és Amor. Que estás mais próximo a mim que eu mesmo. Que me amas mais que eu mesmo. Compreendes-me mais que eu mesmo. Que cuidas de mim mais que eu mesmo.

Destruíste-me para reconstruir mais, conforme a ti, para ser mais tua imagem, para ser mais semelhante a ti. AMÉM.

Printed by Books on Demand GmbH, Norderstedt / Germany